图书在版编目(CIP)数据

地球之肺的隐患：森林锐减 / 燕子主编. -- 哈尔滨：哈尔滨工业大学出版社，2017.6
（科学不再可怕）
ISBN 978-7-5603-6294-6

Ⅰ. ①地… Ⅱ. ①燕… Ⅲ. ①森林保护-儿童读物 Ⅳ. ①S76-49

中国版本图书馆CIP数据核字（2016）第270706号

科学不再可怕

地球之肺的隐患——森林锐减

策划编辑	甄淼淼
责任编辑	何波玲
文字编辑	代小米　刘大鹏
装帧设计	麦田图文
美术设计	Suvi zhao　蓝图
出版发行	哈尔滨工业大学出版社
社　　址	哈尔滨市南岗区复华四道街10号　邮编150006
传　　真	0451-86414049
网　　址	http://hitpress.hit.edu.cn
印　　刷	哈尔滨市石桥印务有限公司
开　　本	710mm×1000mm 1/16　印张 10　字数 103千字
版　　次	2017年6月第1版　2017年6月第1次印刷
书　　号	ISBN 978-7-5603-6294-6
定　　价	28.80元

（如因印装质量问题影响阅读，我社负责调换）

引言

在我们生活的星球——地球上，很多陆地的表面都被绿色的植被覆盖着，这是大自然赐予我们这个星球的珍贵礼物。在这些绿色的植被中，森林尤其引人注目，甚至有着"地球之肺"的美誉。

人类依靠肺部与外界交换气体，这样才能维持生命的延续。你可以几天不吃不喝，但你却不能几分钟不喘气。这样看来，有如此美誉的森林对这个星球有多么重要，你应该有所认识了吧！

森林为地球制造大量的氧气，并带走大量的二氧化碳等有害气体。森林为维护地球的"呼吸"，无时无刻都在不懈地努力着。

森林不仅仅能为地球提供氧气，还有防止水土流失、防风固沙的"本事"。森林资源还是人类赖以生存的基础资源。

然而现如今，为我们提供了巨大价值的森林，却面临着快速减少的危机……森林究竟怎么了？

卡克鲁亚博士已经做好了出发的准备，想了解森林吗？那么快跟随博士的脚步一起出发吧！

"逃入"森林

超级氧吧 1
森林是如何制造氧气的 4

"吸尘器"还是"空调"

阻挡灰尘的脚步 6
大自然的"空调" 7

隐秘的"宝藏"和勇敢的"卫士"

隐秘的"地下水库" 11
地球的"物种基因库" 14
防风护士的"卫士" 15

人类的老家——森林

人类最早的家园 18

森林里的"宝藏"21

森林中有趣的植物

植物的天堂 23
植物界的"拓荒者"——地衣 27
森林中的"指南针"——苔藓 29
庞大的种子植物 31

动物的乐园

各种各样的动物 33
小动物，大作用 35

地球的绿衣裳

究竟什么是森林 38
森林在哪里 42

球果植物的王国——泰加森林

冷冷的森林 48

泰加森林里的动物们 51

你好，美丽的热带雨林

热带雨林的真面目 58
只属于雨林的独特景象 59
热带雨林——巨大的垂直世界 65

奇幻而热闹的森林

奇异的林中植物 71
热带雨林中的动物们 76

森林——地球之肺

世界森林的现状 84
森林在中国 87
森林将何去何从 89

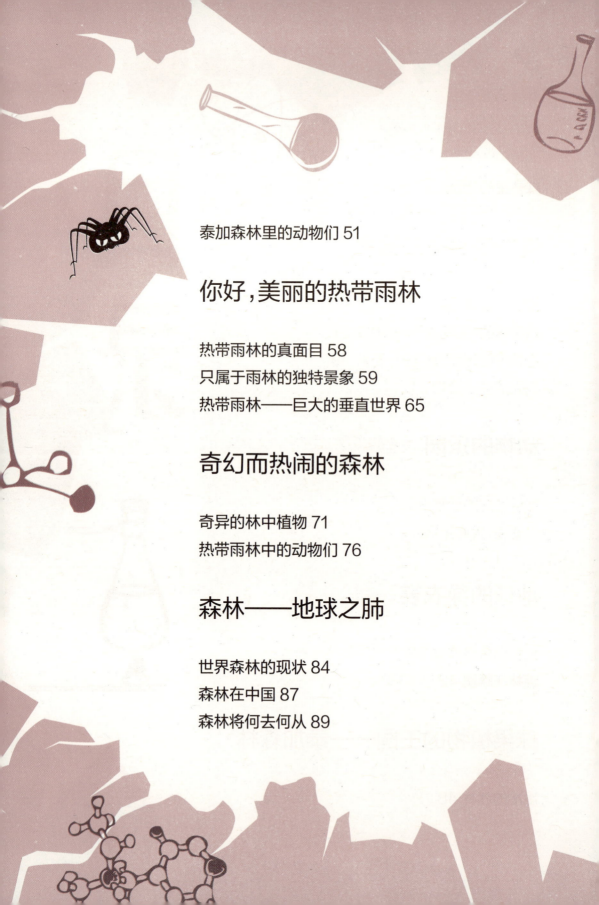

目录

人类对森林的忏悔

被过度开发的森林 91
被非法砍伐的森林 93
"杀鸡取卵"式的毁林开荒 94
被烈火吞噬的森林 95
被小虫子吃掉的大森林 97

痛失森林的悲剧

被砍伐的文明 99
和森林一同消失的水土 103

保护森林,从我做起

植树造林绝非老生常谈 107
拥有一棵属于自己的树 110
不合理、不安全的"一次性"浪费 111
觉醒的纪念日 114

森林童话之一：奇异的迷你"萌鹿"

普度鹿的神秘夜晚 117
瓦尔迪维亚温带雨林 120

森林童话之二：被异形侵入的蚂蚁

被同伴抛弃的蚂蚁 123
"异形"是何方神圣 125
小小物种协调员 127

森林童话之三："虎口夺食"的小家伙

婆罗洲的热带雨林 130
小蜘蛛的奇妙"人生" 132
世界上最长的雨林吊桥 135

森林童话之四:雨林里的"飞行员"

雨林夜晚的"飞行员" 137
"飞行"的青蛙 139

森林童话之五:空地上的故事

森林空地上的故事 143

森林童话之六:丛林法则

无花果的魔力 147
残酷的战争 148

地球只有一个,
请爱护我们的绿色家园。

"逃入"森林

汽车尾气、二氧化碳、雾霾……甚至连沙尘暴都成了都市的"常客",空气质量真是越来越差了!

行李已经收拾好了,卡克鲁亚博士这次打定主意要去一个空气清新的地方度假了。

如果你不想被扔下,如果你也觉得大城市的空气让你不舒服,那就跟卡克鲁亚博士一起出发吧!

超级氧吧

如果你还以为这次能跟卡克鲁亚博士去世界有名的旅游景点度假,但是却来到了森林,是不是有点失望啊?

请你不要急躁,闭上眼睛,做个深呼吸,相信你会有很不一样的感受!

事实上,这里的空气的确和城市里的不一样,感觉瞬间就神清气爽了。

这是因为森林可以消耗二氧化碳,释放出氧气。简而言之,森

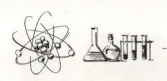

林就仿佛是一座巨型的"氧气制造工厂"。

氧气对人类有多重要,不必再多解释了。人类最基本的生命行为就是呼吸,在吸入氧气的同时呼出二氧化碳,而森林释放出大量纯净的氧气,当然会让你感觉神清气爽了。

据1991年的数据统计,全世界的森林面积大概有28亿多公顷。1公顷森林每天释放出0.7吨氧气,那么28亿多公顷的森林,每天就能制造出近19.6亿吨氧气。

你是不是觉得森林真是个超级大氧吧啊！而且绝对是天然的哟。

那你知道这么多的氧气，可以供一个人呼吸多少次吗？

给你一点提示，一个成年人每天通过鼻子呼吸新鲜空气的次数是2万多次，在这个过程中，需要消耗多少氧气呢？

这个问题一定让你挠头了！告诉你吧，答案是15至20立方米。你知道这些氧气有多重吗？这个质量大概是每人每天所需食物和饮水质量的10倍！

好了，现在你就可以慢慢地计算一公顷森林释放的氧气，可以供一个人呼吸多久了。不用着急，慢慢算……

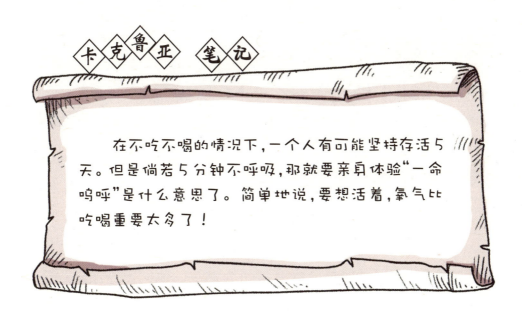

卡克鲁亚 笔记

在不吃不喝的情况下，一个人有可能坚持存活5天。但是倘若5分钟不呼吸，那就要亲身体验"一命呜呼"是什么意思了。简单地说，要想活着，氧气比吃喝重要太多了！

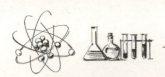

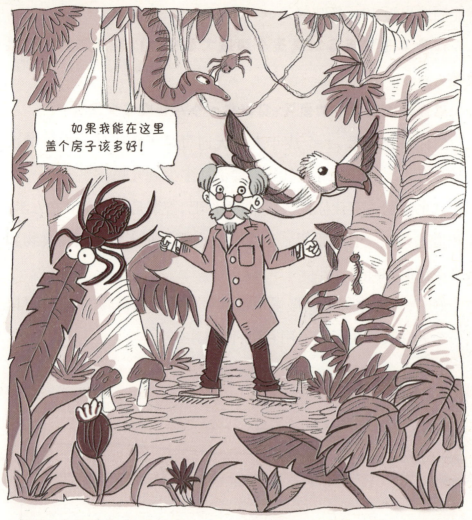

森林是如何制造氧气的

你现在一定很好奇,森林究竟是如何制造氧气的呢?

这个问题,科学家早已经有了研究结果。他们曾经派出一个叫作放射性元素的"间谍"去跟踪化学元素在植物体内的"行动",结果发现,在光合作用下,森林吸收了二氧化碳,经过阳光照射和叶绿体的辛勤"工作"后,就制造出了氧气和碳水化合物。

森林通过光合作用吸收二氧化碳,释放出氧气的同时,还是要通过呼吸作用吸收氧气和放出二氧化碳的。不过光合作用制造的氧气比呼吸作用吸收的氧气多20多倍,这样的比例,也就让森林光荣地获得了"二氧化碳消耗者"和"天然制氧厂"的绰号。

现在你是不是终于明白了,为什么会有好多人抛弃大城市优越的生活条件,常年居住在山清水秀的森林中了?别以为他们放弃了很多,其实他们进入森林,却得到了更多啊!

森林还有一些非常特别的"本领",比如当雷雨降临时,闪电划破长空,空气中的氧气在电弧的作用下会形成少量的臭氧。臭氧不仅能让空气变得新鲜,而且能够杀死有害细菌。

"吸尘器"还是"空调"

氧气不仅仅是森林奉献给这个世界的礼物之一,它还有吸尘的功能呢!

你一定觉得不可思议,或许你会开玩笑地问:"那么插头在哪里?"

如果你这样想,你一定是个小捣蛋鬼。插头当然是没有了,但森林对这个世界来说,实在是有效的"吸尘器"。它就像一个绿色的"穹顶",对空气进行着有效的净化。

阻挡灰尘的脚步

森林凭借着自己高大的形体和茂盛的枝叶,让狂风"息怒",也就是降低了风速,这样空气中那些大颗粒的灰尘就会因风速的减小而"安静"下来了。

消灭了第一批"敌人"之后,森林就要解决小颗粒的灰尘了。于是它伸出了自己的叶片——如果你将这些叶片放在显微镜下观察,就会发现叶面上不仅粗糙不平,而且还长满了绒毛,有些叶面上甚至还有油脂或黏性物质。如此一来,大气中的灰尘,有一部分"漏网之鱼"就又被吸附在上面。

通过这两个手段,森林让空气中的大部分灰尘"老实"了下来。

随后就是等待雨水的降临了。当雨水洒落,大树就会伸出自己的枝丫,来一个酣畅淋漓的"全身清洗",森林又恢复了清新的绿色。

在都市人潮汹涌、车辆拥挤的大街上,你会在马路两旁看到一些绿化带。如果你仔细观察,就会发现绿化带里的植物表面落满了灰尘,但你绝对不要小瞧这些矮小的灌木或者小树,它们从森林中走出来,来到我们的城市中,就是为了帮助我们除掉空气中的尘埃,还我们一片湛蓝的天空。

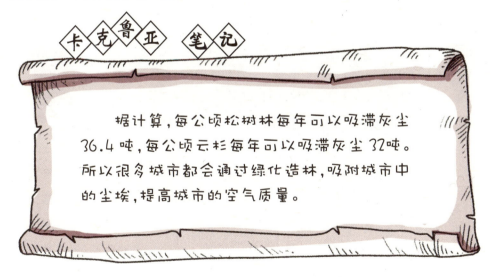

卡克鲁亚笔记

据计算,每公顷松树林每年可以吸滞灰尘36.4吨,每公顷云杉每年可以吸滞灰尘32吨。所以很多城市都会通过绿化造林,吸附城市中的尘埃,提高城市的空气质量。

大自然的"空调"

炎热的夏季,酷暑难耐、大汗淋漓之时,如果能有一台空调为

我们送来习习凉风,你一定会感到万分幸福。

对于地球来讲,森林就像是一个巨大的空调,调节着地球的气温,让地球的环境更加舒适、宜人。

你知道为什么吗?

一年中,大地会上演四季轮回的"戏码",当那个叫夏天的家伙"值班"的时候,你会感觉到自己的汗腺变得异常发达,汗流浃背的滋味真是非常难受。这个时候,你可能非常想要一台空调吹吹凉风,可是如果你在外面行走,这个愿望恐怕不好实现。

你是不是想说,那可不一定哟!

你会找到一棵大树,站在树荫下,渐渐地就会感到全身凉爽,

夏天和冬天不要总待在家里了,出来活动活动,到森林里就能享受冬暖夏凉啦!

舒服了很多,这就叫"大树底下好乘凉"嘛!

别急嘛,你只知道树可以用来乘凉,恐怕还不知道在冬天里,树还能取暖吧?

这里说的可不是烧木头取暖啊!而是直接走入森林里,冬季里的森林会有暖和的感觉哦!冬暖夏凉,这不就和空调一样,有异曲同工之妙了嘛!

你是不是好奇,这"空调"是如何运行的呢?

当夏天到来,人会变得慵懒起来,但是树木却因为有充足的阳光照射,光合作用和蒸腾作用的速度更快了。它们能够迅速将水分释放到空气中,而在水分蒸发的过程中,又会带走一些热量,这么一来,森林里就会凉爽许多。

而在冬天的时候,树木进行光合作用和蒸腾作用的速度降低,热量反而很难散发出去。而阳光又能够直接照射进森林,森林的温度就会升高,所以冬天的森林相对来说就比较暖和。

听起来是不是觉得森林在调节自身温度的同时,对周围环境

夏季森林里的气温比城市空阔地低0至4摄氏度,相对湿度则高15%至25%。

也产生了重要影响!

正如前面所说,森林能够吸收二氧化碳,而二氧化碳正是地球变暖的主要因素,所以无论从内部还是外部,森林都可以说是大自然的"空调"。

森林还能消除噪声,是天然的"消声器"。为了证明这个结论,有人甚至专门做过实验:在空旷地区能够传播4 000米远的炸药爆炸声,在森林中只能传播400米,而且林带越宽,森林面积越大,消除噪声的能力越强。绿色的森林就像一堵隔音的墙壁,声波遇到林带,能量就被吸收,噪声就会降低。

隐秘的"宝藏"和勇敢的"卫士"

宝藏啊,你在哪里?

你是不是认为我说的是金银或者古董了?

如果我说的"宝藏"是水,你又做何感想呢?

举个例子,你是打算在渴得受不了的时候咬金子呢,还是捧着水罐子喝水呢?

你的答案一定是捧着水罐子喝水了!的确,这个时候,水才是最重要的宝贝!

隐秘的"地下水库"

常常听人说"青山常在,碧水长流",这句话同时还说明了森林在涵养水源方面的作用。

在森林里,你闻到的空气不仅非常清新,还会感觉到一些潮湿。

你一定很好奇,这是怎么回事呢?

这说明森林里的水蒸气很充足。可是森林又是如何将水拥抱在怀里的呢?

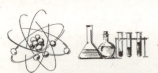

当雨水降临森林,一部分雨水就以森林中树木的树冠为家了,也就是说,它们被树冠截留了。但这只是一小部分,大部分的雨水还是落到了树下的枯枝败叶和疏松多隙的林地土壤中,被保存起来了。

这些水分,有的被森林中的植物"喝"掉了,因为它们也要靠水生长,还有一部分在太阳的炙烤下又蒸发出去,回到了大气中。

在蒸发过程中,森林中的空气就变得异常湿润,而水分蒸发的结果,就是森林中的降水量增加,气候也变得冬暖夏凉。

一部分雨水以森林中树木的树冠为家了!

大部分雨水落到土壤中,被保存起来了。

地球之肺的隐患

而在我们看不见的地下,树木那发达的根系紧紧"抓住"土壤,把森林涵养水源和保持水土的本领发挥到了极致。

有关资料显示,在有林地区,林冠可以截留10%到30%的降雨量,而有50%到80%的降雨量能渗入到地下,接受树木根系的"管理"。

林地中的地表径流一般只有1%左右,最多不会超过10%。而每公顷有林地带比无林地带最少能多储水300立方米。而且森林的蓄水不受地形限制,它的蓄水和调节水分的作用是动态的,而不是静态的。这样的特点,是任何人工水利工程都无法比拟的。

从这些可以看出,森林不仅仅是一座大水库,还能起到调节气候的作用呢!

森林用它宽广的怀抱,接纳了来自天空的降水,为大地涵养了水源,保护着我们脚下的水土不被冲刷。它不仅为我们提供水源,更是保护地球家园的"卫士"。

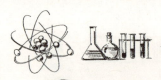

地球的"物种基因库"

森林是不是真的很了不起？

因为森林里有着多姿多彩的生命。

在森林里，你能听到千万只鸟儿在欢快地唱歌，看到野兔在林地间快活地跳跃、可爱的小松鼠抱着松果要送到自己的储藏室、小猴子从这棵树上跳到另一棵树上寻找妈妈。清澈见底的小溪里，各种各样的鱼儿在水里畅快地游着，仿佛那就是属于自己的世界，永远不会被人打扰。

想不到卡克鲁亚博士一贯幽默，竟然还会如此抒情呢，嘿嘿！

从这些描述里，你读懂了什么？的确，我想说的就是森林里生活着各种各样的生物。

从植物到动物，森林是这个星球生物繁殖最活跃的地方。你知

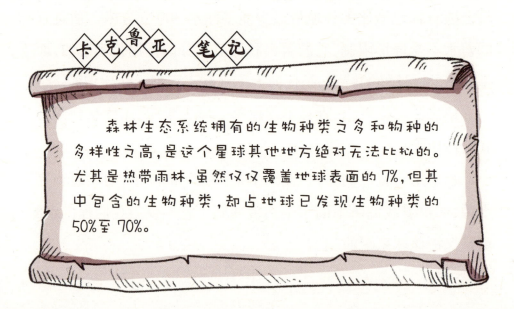

卡克鲁亚笔记

森林生态系统拥有的生物种类之多和物种的多样性之高，是这个星球其他地方绝对无法比拟的。尤其是热带雨林，虽然仅仅覆盖地球表面的7%，但其中包含的生物种类，却占地球已发现生物种类的50%至70%。

道吗？仅仅在热带雨林里，就生活着500万种以上不同种类的动植物，所以说森林是地球上的"物种基因库"，一点儿也不夸张。

防风护土的"卫士"

我们都知道，中国的北方地区经常受到沙尘的侵害，尤其在冬季和春季。大风裹挟着尘土呼啸而过，肆虐的沙尘暴毁掉了良田，污染了空气，摧毁了建筑物，给国家和人民的生活造成了巨大的经济损失。

那么，谁能够阻挡风的脚步呢？大山？建筑物？还是森林？

答案一定是森林！

尤其是在平原、沙漠和海滨地区，森林是风力难以突破的屏障。

森林在阻挡大风的时候，并不会像建筑物或者高山那样"硬碰硬"，而是"软硬

兼施",和狂风"左右周旋"。

一条防风林带,如果它的走向和风吹来的方向是垂直的,那么一小部分气流就会钻进林带,树木的枝叶就会随风摆动,这样的摆动会减小一部分风的力量。

而那些进不了树林的气流,就会从林带的顶部绕过去,经过这一番"软磨硬泡"之后,大的旋流变成了小的旋流。另外,穿过林带的一部分风力又和绕过林带的气流混合,产生摩擦,再一次消耗掉一部分能量。

森林就是通过各种消耗和摩擦,最终让强大的风不得不低头,大大地减弱了风的力量。这样一来,越过林带的风,对农作物和建筑的伤害程度也就大大的降低了。

这些功能还只是森林的"本事"中的很小一部分,它的作用远比我们了解的多得多。对于森林的探索和研究,我们还有很长很长的路要走哦!

森林能够涵养水源、防风固沙、净化空气,是地球之"肺"。

地球之肺的隐患

你知道的

你知道吗？在时装设计界，有一种设计风格叫"森林系"，这是一种提倡自然朴素的审美风格。"森林系"的设计提倡采用棉质的面料、宽松自然的剪裁，给人一种清新淡雅的感觉。没想到森林这个自然元素也能融入时装设计的领域里吧！

人类的老家——森林

森林的功能真是太多了,最重要的就是它曾经是我们人类的哺育者,同时也是人类文明的奠基者。

森林在人类的衣、食、住、行方面所发挥的作用,真的太多了,相信你一定也能说出几个。

人类最早的家园

森林为早期的人类提供了隐蔽的住所、丰富的食物,原始人类最初的衣服就是用树皮和干草做成的。

听起来,人们的生活还真离不开森林呢!

据科学考证,人类是由类人猿的森林古猿演变而来的。而森林古猿是经过树上生活的磨炼后,才具备了向人类转变的特质。

它们在树上攀缘、采集野果,慢慢学会制造和使用劳动工具,并以此捕捉鸟兽作为食物。这些行为促使它们的前肢和后肢分工,通过林间跳跃和登高望远,使其视力扩展而促进大脑发育。通过不断地攀缘,锻炼了古猿的胸腔、盆骨以及关节,使古猿向着直立行

地球之肺的隐患

如果没有森林对古猿的磨炼,地球上就不可能有人类。

走的方向发展。

也就是说,如果没有森林对古猿的哺育和磨炼,地球上就不可能有人类,或者说,就不会有直立行走的人类了……

后来,人类的祖先又用树叶和兽皮做成衣服,用来保暖。在我国云南南部的哈尼族的祖先,就是白天穿着树皮衣服遮身,晚上盖着树皮被子御寒。人类的祖先还在树上造屋,在林间的山洞里生活起居,从这点上讲,森林就是人类的老家。

直到今天,我们还从森林中获取食物,比如各种果实,各种植物的根茎、块茎以及各种菌类等。我们常见的经济作物,比如可可、香蕉、香草、肉桂、胡椒、油棕榈和橡胶树这些都来自于热带雨林。

通过和野生品种的杂交,我们能够培育出更多可以抵挡病虫害侵袭的新的经济作物品种。同时,灌木丛中的各种动物还为人类提供了肉食和动物蛋白。

另外,树木还被早期的人类制作成自卫的武器。后来又可以远

距离击中猎物,也可以用来宰杀猎物。

直至今日,森林仍然为人类提供着生产和生活所必需的各种资源。据估计,世界上有3亿人以森林为家,靠森林谋生。

人类的祖先在受到了无数次雷火和山火的惊吓后,无意中发现被火烤熟的兽肉更加美味,而且有火的山洞也更加明亮和暖和。于是他们决定将山林火灾的余火作为火种保留下来,渐渐地,也就学会了人工取火。

在中国古代就有燧人氏钻木取火的神话传说,在希腊的神话传说中,也有普罗米修斯偷盗火种给人间的说法。其实最早带给人类火种的,还是森林。

森林里的"宝藏"

我们平常生病所用的药品,最初都是从森林植物中提取的,至今为止,中药药材中仍有很多直接取材于植物的根、茎、叶。

疟疾曾是一种让人避之不及的疾病,在18世纪夺走了成千上万人的生命。治疗疟疾的特效药,就是叫作奎宁的药物,而这种药物就是从一种叫作金鸡纳的树中提取出来的。这种树原产于南美洲,后来被广泛种植,成为提取药材的原料。

科学家们曾经在印度找到22种森林植物,经过提取,可以用来治疗高血压、风湿等病症。

在印度南部,有一种植物可以用来解除眼镜蛇的蛇毒。在发达国家,1/4药品中的活性配料来自于药用植物。

大家可能不了解,世界上的很多国家都有使用草药治病的历史。就拿印度为例,他们在草药方面的运用绝对不输给中国。

中医是中国的传统医学,中药则是中医的重要组成部分。在20世纪60年代以前,中药材大都是野生,其中大部分来自于森林。大名鼎鼎的人参多出自东北林区,而素有"金不换"之称的三七,则多分布于云南、广西等地。还有一些树木,其本身就可以入药,比如柘木这种药材,就出自柘树的树干部分。

上面所举的几个例子,在森林为人类提供的药材种类中,只是沧海一粟。且不说那些尚未被我们发现的药材,即便是那些已经被我们使用的药材,也不胜枚举。

森林和我们的生活息息相关。人类利用树木及其副产品作为主要原料进行加工,生产出很多产品,比如用木纤维生产出来的纸浆,从木材中提取出来的糖、酒精、酵母等,还有各种木制品以及木炭等。还有以森林副产品为原料加工成的松香、橡胶、生漆、芳香油、药物、色素等。相信随着科学的进步,以树木作为原料生产出来的产品会越来越多。

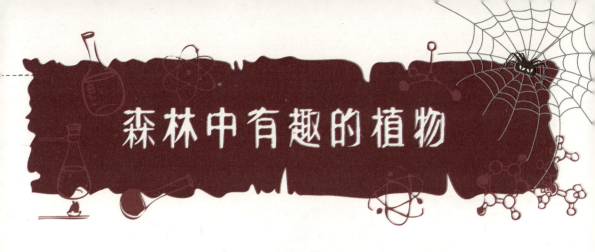

森林中有趣的植物

说到森林,你首先会想到什么呢?

当然是大量的植物,还有众多的动物了!

没错,森林首先是植物和动物的家园。森林绝对不是简单的树木的集合,除了树木之外,其他大量的生物,让森林呈现出多样化的生态环境。当然,森林的第一要素还是植物,因为树木本身也是植物嘛!

植物的天堂

当你走进森林,一眼就能看到那些站立不动的各种树木。然后你可能也会注意到生活在森林中的各种动物。一些气象万千的天气变化,更让森林看起来充满了神秘色彩。

我们看到的这些森林成员之间的关系,其实是非常微妙的。有的可以"和平共处",甚至能"亲密合作",有的却是"钩心斗角",互相争夺养分。所以科学家们说森林永远都是处在一种相互制约、相互依赖的动态平衡之中。

地球之肺的隐患

比如说我们一抬头就能看到的那些高大的乔木，它们所占据的位置让它们出尽了风头，能够享受充足的阳光和充沛的雨水，恣意地生长着。在残酷的生存竞争中，那些身材矮小的灌木，就只好藏身在"大个子"的身下，似乎只能做个"大树底下好乘凉"的乖乖伙伴。

而那些苔藓和地衣之类的"小人物"，更是没有机会参加这样的生存竞赛，不过它们似乎也没有兴趣去竞争，它们在地表"安于现状"，生活得"自得其乐"。

仔细观察，你还会发现，有些植物虽然不起眼，但是非常善于借助"他人"的力量，藤本植物就是其中的典型代表。它们借助其他有主干的植物努力向上攀缘着，目的就是在众多强有力的对手中争取到更多的阳光。

在森林社会里，植物就这样分成了不同的"阶层"——乔木层、灌木层、草本层和活地被层。而那些共生的、攀缘的、寄生的植物就没有什么社会地位了，被人们叫作"层间植物"。

嗯嗯……博士，那里有蘑菇。

太抽象的知识会让你觉得无聊，那咱们就说说具体的，就从那个蘑菇说起吧！

对于蘑菇，我们真是再熟悉不过了。它是我们餐桌上的常客，但是它最早也是来自于森林中的。

无论从种类，还是从形状和颜色上说，蘑菇都是一个大家族。它们的生长其实也和地衣、苔藓一样，不太引人注意，而且它们也不需要阳光，身体里面没有叶绿素，只是依傍着森林中的植物生长。

蘑菇是一种果实,它所归属的"组织"叫作菌丝体。菌丝体是生长在林下灌木丛腐殖土里的细小的白色丝状体网。蘑菇从菌丝体里生长,可能几个小时就长出来了。

人们采蘑菇的时候,是不会把它的菌丝体拔掉的,所以菌丝体还会继续生长,在同一处长出新的蘑菇来。

你是不是想到了,对采蘑菇的人来说,"守株待兔"是个好办法!

非常正确!

采蘑菇的时候,如果无法确定哪个蘑菇能否食用,请不要轻易去触碰它们,因为有些蘑菇的毒性非常强,如果将碰过毒蘑菇的手不小心放进嘴巴里,就有可能中毒。接下来让我们看看毒蘑菇的真面目!

啊!咋看着那么漂亮的蘑菇还有毒啊?呜呜……谁帮我打个120?啊啊啊!

①有毒的蘑菇往往生长在阴暗、潮湿的肮脏地带。

②有毒的蘑菇菌面颜色鲜艳,有红、绿、墨黑、青紫等颜色。

③有毒的蘑菇伞盖中央呈凸状,形状怪异。

④有毒的蘑菇分泌物浓稠,呈赤褐色,撕断后在空气中易变色。

⑤有毒的蘑菇有辛辣、酸涩、恶腥等怪味儿。

蘑菇并不是植物,尽管它看起来很像植物。蘑菇实际是真菌的一个种类,而真菌早已被分离出了植物界,和动物、植物等并列为真菌界。

植物界的"拓荒者"——地衣

地衣?你是不是第一次听到这个词,你也可以理解为大地的衣服……

地衣生长的状态,还真是有点像大地的贴身内衣,不过地衣既不是植物,也不是动物。

猜不到地衣是什么了吧!

地衣是一种由菌和藻组合生成的半藻半菌类生物。那么地衣生长在什么地方呢?

你睁大眼睛仔细观察,在树皮上、老树桩上、石头上,都能看到地衣的身影。不过地衣生长还有一个非常重要的前提,那就是这片森林没有被严重污染。一旦环境受到污染,地衣便会从森林中消失。

哦?这些绿色或者灰色的东西,还挺爱干净的,是吧!

不过,偶尔也会有橙色和黑色的地衣。

它们的身材真矮小,矮小到几乎不能用"矮小"来形容了。

它们没有茎、叶、根,更没有花、果实和种子。

喏,瞧那边,那些地衣看起来是不是很壮观?

地衣可以用来制作燃料和香水,还有一些地衣能够作为医药原料。在寒冷的北极地区,驯鹿会在雪下寻找地衣作为它们的食物。

你是不是觉得它们看起来好像是巫婆长长的头发啊?

地衣的生长是非常缓慢的,虽然它们长得貌不惊人,但是它们的耐寒性却非常强。也许就是这种顽强的生命力,让地衣很早就出现在了地球上,也为其他植物的出现提供了可能。地衣枯萎后会留下十分肥沃的腐殖土,那里会进一步生长出新的地衣、苔藓以及其他植物。

这就是为什么地衣会被称为"拓荒者"的原因。

森林中的"指南针"——苔藓

"苔痕上阶绿,草色入帘青。"

我想你一定知道这句著名的诗句,那是因为在一些潮湿的石头

下面经常能看见它们的身影嘛。

当枯萎的地衣累积到足以形成肥沃的土壤时,苔藓就会出现。人们把苔藓称为一块美丽的"绿地毯"。

因为苔藓生长在阴暗潮湿的地方,长期在水生状态下,而苔藓自身又无法调节水分,所以它们自身就必须储存大量水分。

由于它们只需要少量的光线就能进行光合作用,所以即便是在灌木丛中的阴凉处,也可以形成一块浓密的"苔藓地毯"。

你可不要小看这家伙,它们储藏大量水分的本领足可以用来对抗干旱。不过在和干旱对抗的过程中,苔藓的颜色也会从绿色变成褐色,对于"意志坚韧"的它们来说,只需要一场阵雨,它们就会恢复本来的颜色。

当你在森林中迷路时,苔藓还会为你指引道路。因为苔藓的生长需要潮湿的环境,所以北半球的苔藓经常面朝北面生长。这样,它们就能够最大限度地享受雨水,同时还不会被强烈的日光晒干。所以观察树干上的苔藓生长在哪一侧,就能准确地辨别方向,从茫茫丛林里找到回家的路。

庞大的种子植物

说了半天蘑菇、地衣和苔藓,怎么感觉它们都太不起眼了呢?那么现在就说说种子植物吧!

作为我们日常生活中最常见的植物,种子植物实在是太多了!

简单地说,以种子作为繁殖器官的植物,统统被称为种子植物。种子植物包括裸子植物和被子植物两大类。

裸子植物指的是种子裸生,有种子但是没有果实的一类植物。裸子植物都是木本植物,而且大多都是高大的乔木,常见的有银杏、松树、杉树和柏树。因为裸子植物的叶片多是针形、条形或者鳞片形,所以裸子植物形成的森林又被称为针叶树林。

种子被子房像被子一样包围并最终形成果实的植物,就称为被子植物。因为被子植物的营养器官和繁殖器官比裸子植物复杂,所以它能够更好地适应各种环境,也就在地球上占据了绝对的优势。

在自然界中,种子植物的数量最多,用途也非常广泛,与人类的生活息息相关。

你一定会说,我们吃的粮食、蔬菜和水果,绝大多数都来自于种子植物喽?

对,还有人们制作家具、房屋、船、桥梁等所需要的木材,都由种子植物提供。连我们穿的鞋子所用的橡胶,都是来自于橡胶树这种种子植物。所以说,种子植物是人类利用最广,和人类"走"得最近的植物。

动物的乐园

我已经说了好多植物了,现在就简单地说说森林里的动物吧!

看来也只能简单地说了,因为如果详细地说下去,恐怕就成长篇连续剧了。

各种各样的动物

既然说到动物,那就让我们到亚马孙热带雨林看看吧,那里的生物种类一定会让你目瞪口呆!

瞧,那只大蜘蛛,看起来好恐怖啊!

还有那边的蜥蜴,再看看右边的那只蜥蜴,它们看起来是不是很不相同呢?

哦,快看那群鸟,简直就是穿着"奇装异服"在空中飞翔呢!

这就是热带雨林的特点。其实热带雨林不过是森林的一个类型。森林里面的动物种类之多,会让你深深地体会到什么叫"世界之大,无奇不有"。

还有很多动物隐藏在我们不知道的地方,没有被人类发现呢!

你一定很好奇,动物为什么喜欢把家安在森林中呢?

因为森林为这些动物直接或间接地提供了丰富的食物和良好的栖息、繁殖场所。也就是说,从吃到住,森林都为动物提供了保证。森林对动物而言,既是生活环境,同时也决定了动物的组成和数量。

反过来,动物对森林的影响也很大,这种影响既有有利的一面,也有不利的一面。那些以树木果实和种子为食的鸟类和兽类,既是森林的破坏者,又是森林更新的播种者。

看来,森林和动物的关系应该是相互依存了。

小动物,大作用

瞧瞧,就这一会儿的工夫,就有这么多动物跑过眼前了,森林还真是个热闹的生命舞台!

在森林中,各种生物之间既相互依存,又相互斗争,关系是错综复杂的。有调查显示,一个温带阔叶林就有700多种种子植物,十几种蕨类植物,3 000多种蘑菇、苔藓等低等植物。另外,还有近3 000种哺乳动物,70多种鸟类,5种两栖类,5 000多种昆虫,千余种其他低等动物。

就是这些植物和动物,共同构成了我们美丽的大森林。

森林中的动物实在太多了,今天,我们就从最小的说起吧!

走在森林里,你会注意到脚下会有一些爬虫经过,也会有一些昆虫从头顶飞过。是的,它们就是森林中虽然渺小,但是作用重大的小生物。

在枯枝败叶下面,在森林的土地下面,也是充满了小生命的世界。你可能觉得它们渺小,也有人觉得它们长得丑陋恐怖,但是这些微小的生物却对森林有非常重要的作用。这些小家伙让土壤更加肥沃,为森林的健康发展贡献着力量。树木通过根部吸收氮、钙、磷来维持生存,这些营养物质必须都是微粒状的,才能被根部吸收,这项工作就是由地面和地下的这些小生物完成的。

在森林中,树木的开花、结果离不开一些媒介来帮忙,这些媒介就是森林中的各种昆虫——蜜蜂、甲虫、蝴蝶以及鸟类等。

当森林中的树木遭到虫害时,"森林卫士"就要出场了,一些食虫的鸟兽能够消灭很多有害昆虫,抑制虫害的发生。

两只被称为"森林医生"的啄木鸟,就能守护30公顷林地的安全,而生活在森林中的猛禽和食肉动物也能够消灭一些破坏森林的鼠类。

嗯,小动物也有大作用!

蜜蜂酿造约450克蜜所飞行的距离,大约可以绕赤道一周。

生长在非洲的猴面包树,靠的就是一种小型的猴子来传粉的。那些高大的树木结了种子,又是如何播撒出去的呢?动物们依然功不可没。它们有的用嘴把种子叼走,有的通过粪便把种子排出体外,有的还把带有钩刺的种子带在身上,来到远方,成为一个免费的"搬运工"。

地球之肺的隐患

你不知道的

在雨林的底层，一般都是黑暗而且潮湿的，那里聚集最多的动物就是蚂蚁和白蚁。它们以雨水冲刷下来的植物碎屑为食，偶尔也会吃到少数几种啮齿动物采集食物时掉落的果实和坚果。有些食肉动物，如豹、美洲虎等都在地面上进行捕食。

地球的绿衣裳

提到森林的样子,当然是绿色了,一大片绿色的树木。不过你能说出这大片大片绿色森林的"个性"吗?

森林的个性?你一定会质疑,森林还有"个性"?

那是当然了。虽然都是森林,但这些森林根据所处的地理位置的不同,它们的"个性"也有着很大的不同。

究竟什么是森林

树林?森林?

你刚刚说了,大片绿色的树木是森林给你的基本印象。可是你知道这个"大"到底是多大吗?

一般情况下,我们会把有很多树木的组合称为树林,但是很少有人能说出,从树林到森林的量变到底是多少。

关于究竟多大的树林才能称为森林,其实是个比较模糊的概念。比较常见的解释是:等于或大于1亩的占地面积,树木的高度等于或超过2米,郁闭度大于或等于0.2,而且是以天然乔木为主,形成一个完整的生态系统,这样的树林称为森林。

面积和高度明白了,那么"郁闭度"是什么呢? 还是让我给你解释一下吧!

简单地说,郁闭度就是森林的密度。不过这里的密度说的可不是每株树木的间距,而是森林中生长的乔木树冠遮蔽地面的程度,也就是树冠的垂直投影面积和林地面积之比。

这么说,如果地面是 1 亩的面积,那么树冠的垂直投影面积就应该是 0.2 亩。

你是不是觉得很直观?

这么说来,即便有 1 亩的树林,但郁闭度不够,也还是不能称为森林了。这样说来,郊外的小树林只是树林,而不能称为森林。

森林还可以根据郁闭度的具体数字大小分类,郁闭度为 0.20 至 0.69 为中度郁闭,郁闭度达到 0.70 就可以称为密林了。如果郁闭度在 0.2 以下,这样的树林就只能称为疏林了。

乔木"老大"和它的"兄弟"们

上面提到的,是树林成为森林的初步条件。树林要想成为森林,还需要一些必要条件。

森林树木的主体,一定是乔木。没有了这个主体,还是不能称为森林。只有乔木还不够,还要有其他的植物和动物,还要有微生物。这些生活在森林土壤上的生物系统在总体上组成了一个生物群落后,这样就可以称为森林了。

换句话说,乔木是这个生物群落的"老大"! 这个比喻很通俗、很形象。

　　这个生物群落可是有着丰富的物种哦,当然,森林的结构也是很复杂的,因此它的功能也是多种多样的。

　　现在,森林究竟是什么,你是不是已经有了些认识呢?

　　还有一点非常重要,就是在形成了这样的森林生物群落后,在森林之外,也因为生态的不同,而让气候产生了变化,这也是森林为什么会被人们誉为"地球之肺"的原因了。

森林的"个性"

　　你没有猜错,我说的"个性"就是指森林的类型。

　　有个性才有区别。如果森林的形态都一样,那么世界上就只有这里的森林和那里的森林,而不需要其他区别了。

　　更具体的分类,可以让我们更清楚地认识森林。

卡克鲁正 笔记

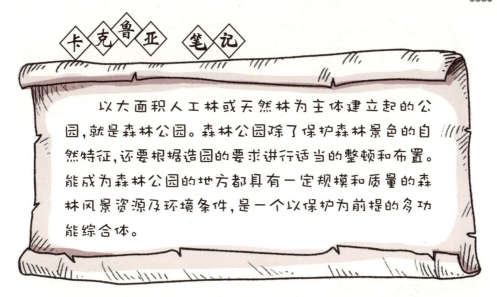

以大面积人工林或天然林为主体建立起的公园，就是森林公园。森林公园除了保护森林景色的自然特征，还要根据造园的要求进行适当的整顿和布置。能成为森林公园的地方都具有一定规模和质量的森林风景资源及环境条件，是一个以保护为前提的多功能综合体。

不仅如此，弄清楚各种森林的"个性"，也能让人类更加合理地保护和利用森林资源。

森林到底是如何分类的呢？

森林的分类方法有很多，人们一直为了如何给森林分类而争论不休，这里大致列出以下几种分类方式。

按照森林里树木的主体以及分布地点和气候特点分类，可分为针叶林、针叶落叶阔叶混交林、落叶阔叶林、常绿阔叶林、热带雨林、热带季雨林、红树林、珊瑚岛常绿林、稀树草原和灌木林。

如果按人为影响分类，还可分为天然林、次生林和人工林。从林木的起源角度分类，还可分为实生林和萌芽林（无性繁殖林）。按树种的构成比例可分为纯林和混交林。

另外，森林按作用分类，可分为用材林、防护林、薪炭林、经济林和特种用途林。

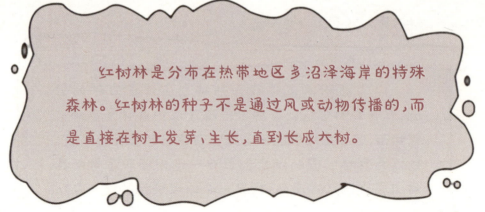

红树林是分布在热带地区多沼泽海岸的特殊森林。红树林的种子不是通过风或动物传播的,而是直接在树上发芽、生长,直到长成六树。

森林在哪里

对森林的分类,你也算是有了一些了解了,接下来就看看森林都在什么地方了。

地球陆地的30%都是森林,但这些森林并不是均匀分布的。如果你纵览一下全球的森林分布,就会发现在不同地域,森林的种类也是不同的,这是由于水分和气温的不同而造成的。在各种不同的环境下生长出来的森林,大体分为热带森林、温带森林、泰加森林(北方森林)、地中海森林和萨王纳稀树草原等。

热带森林

大家都知道,地球上最热的地方是赤道,那里也是热带雨林和热带季雨林的主要分布地带。

因为终年高温多雨,热带森林没有明显的四季变化,林中湿度

地球之肺的隐患

大,植物为了适应环境,叶片边缘会吐出多余的水分,看起来就是挂满水珠的样子。

在热带雨林中,植被的一个显著特点就是物种的多样性。也就是说,在热带雨林里,你会见到比其他地方的森林更多的动物和植物。

要知道,对于整个地球和地球上生活的人类来说,热带雨林具有不可替代的存在价值和生态意义。

世界上最大的热带雨林是位于南美洲亚马孙河流域的亚马孙热带森林,它的面积相当于美国国土面积,约占世界热带雨林总面积的一半,被人们称为"森林的黄金国"。

世界上面积最大的森林就是热带森林,达到了13亿公顷。

温带森林

温带森林主要包括温带雨林、温带落叶林和温带常绿林,主要分布在北纬30度至北纬50度,其中绝大部分集中分布在北纬40度至北纬50度之间。

在亚洲,日本、中国东部、朝鲜、西伯利亚东部都覆盖着温带森林。

在欧洲,温带森林分布在斯堪的纳维亚南部经伊比利亚西北和英伦群岛直抵东欧地区。

在北美洲,温带森林分布在大西洋沿岸到大平原;温带针叶林分布在美国的加利福尼亚北部到阿拉斯加东南部。

温带森林树木的特点是春季发芽,秋季落叶,冬季休眠。

世界上最大的温带原始森林位于加拿大不列颠哥伦比亚省,它就是著名的大熊森林,在那里,大树可以长到80米!

告诉你一个小秘密,世界上的温带森林面积为4.25亿公顷。

泰加森林

泰加森林又称为北方森林,主要以云杉、冷杉和落叶松为主。

北方森林主要分布在北纬45度至北纬57度,覆盖了地球表面11%的陆地面积。如此高的纬度,冬季自然是寒冷而漫长,一年中温度超过10摄氏度以上的时间仅仅有1至4个月。

在这个温差大,但是蒸发量又很小的地方,树木的叶子都长成了针叶状,这种针状的叶子会让树木更加适应环境,在恶劣的环境中生存下来。

泰加森林的面积为12.77亿公顷,主要分布在俄罗斯、北欧和加拿大。

地中海森林

地中海森林主要分布在地中海流域周围,在美国加利福尼亚州沿岸、智利沿岸、非洲西南沿岸和澳大利亚西南沿岸也有分布。因为所处环境的关系,地中海森林中的植物一定要能够承受干热的气候。

地中海森林的面积为5 000万公顷。

> 据说约翰·施特劳斯的《蓝色多瑙河》就是在维也纳森林得到灵感,而创作出来的。

萨王纳稀树草原

萨王纳稀树草原,听名字就知道是草原和森林的结合体。那里最独特的景观,就是高草和稀树。虽然冠以"草原"之名,但因为高草和稀树交织在一起,这里的草和树是不可分割的,所以人们将其

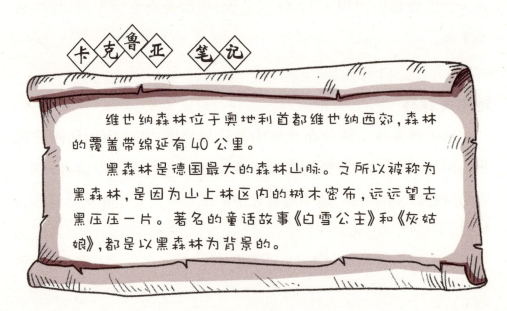

卡克鲁亚笔记

维也纳森林位于奥地利首都维也纳西郊,森林的覆盖带绵延有40公里。

黑森林是德国最大的森林山脉。之所以被称为黑森林,是因为山上林区内的树木密布,远远望去黑压压一片。著名的童话故事《白雪公主》和《灰姑娘》,都是以黑森林为背景的。

命名为"萨王纳稀树草原"。这里的树木尽管没有那么密集,但的确也在一定距离间形成了很多树的一种地表状态。

萨王纳稀树草原的面积为4.5亿公顷。

你知道世界上最大的人造森林在哪里吗?答案是南非的约翰内斯堡。那里有超过1 000万棵人工种植的树木。原产于南美和加勒比海地区的蓝花楹已经扎根在南非,用它绚烂的紫色和蓝色装点着整个约翰内斯堡。

球果植物的王国——泰加森林

说了这么多关于森林种类的事情,现在可以讲讲具体的森林了。这么多种森林,让我看看,从哪一种讲起呢?嗯,那就从泰加森林讲起吧!你知道为什么要把泰加森林单独拿出来讲吗?

嗯,是因为它的覆盖面积。泰加森林的覆盖面积和热带雨林差不多,还有那里冷冷的气候和特别的树木。

冷冷的森林

你知道吗?泰加森林中的"泰加"源自俄文,原本是指西伯利亚的处女林,后来逐渐演变成一个专业名词,泛指北部山区的森林,尤其是云杉和冷杉一类的针叶林,所以泰加森林多数是树种比较单一的纯树林。

泰加森林也叫北方森林,"北方"即来自希腊的北方之神——Boree。

泰加森林的覆盖面积广泛,身处高纬度的寒冷地带。尤其是在

地球之肺的隐患

冬天,冰雪覆盖的森林和地球上其他地方郁郁葱葱的林地相比,的确是别有特色了。

仔细看看泰加森林的分布,你就会发现,从挪威一直到堪察加,从纽芬兰岛到阿拉斯加,它整整在北半球上绕了一圈。

北方地区的气候严酷,所以只有一个树种可以生长,那就是球果植物。因为它们具有特殊的树脂,即使是在天寒地冻的季节里,也能够抵御严寒。

严酷的环境让泰加森林里的树木变得异常"顽强",它们不会浪费掉一点点晴天。每当春天到来,球果植物比其他任何植物都努力地利用每一寸阳光和每一丝温度,它们努力地吸收着营养,努力地生长着。

泰加森林在北半球上绕了一圈,从挪威一直到堪察加,从纽芬兰岛到阿拉斯加。

在泰加森林中，最常见的球果植物就是落叶松、云杉以及一些阔叶树，例如桦树。

如果沿着泰加森林继续向北，那里的气候更加严酷，只有苔藓和地衣才能生长，那里就是北极苔原。而泰加森林以南，则是草原和阔叶林森林。

泰加森林的球果植物占全球球果植物总量的90%，出产的工业木材占全球总额的一半。

由于泰加森林被所属国家的法律严格保护着，那里的人们非常重视植树造林，而且球果植物的再生能力很强，所以泰加森林还没有面临太大的危机。但是自然和人为因素引起的火灾对森林造成了巨大的破坏，所以我要提醒人们格外注意，要好好保护它们。

与这些麻烦相比，人类对利益的追求导致树木被大量砍伐，才

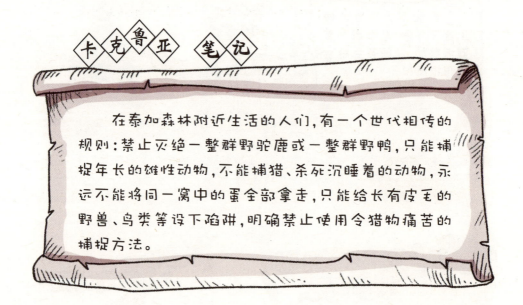

卡克鲁亚笔记

在泰加森林附近生活的人们，有一个世代相传的规则：禁止灭绝一整群野驼鹿或一整群野鸭，只能捕捉年长的雄性动物，不能捕猎、杀死沉睡着的动物，永远不能将同一窝中的蛋全部拿走，只能给长有皮毛的野兽、鸟类等设下陷阱，明确禁止使用令猎物痛苦的捕捉方法。

是对泰加森林的最大威胁。

我们不妨想一想,如果没有了森林,这里的飞鸟和动物该怎么办……

泰加森林里的动物们

驼鹿

在泰加森林里,成年驼鹿的个头比我们见过的马还要大,它的体重可达800公斤。对于北极地带的居民来说,驼鹿曾经是主要的食物来源。对于森林中的褐熊和狼来说,驼鹿至今依然是它们的主要猎物。

在春天和夏天,驼鹿每天需要吃掉25至30公斤的叶子、灌木或者花草。在冬季,驼鹿的进食量会减少,找不到食物时,饿极了甚

至还会啃食树皮。

和天寒地冻的环境比起来,更让驼鹿烦恼的却是夏天的蚊子。在夏天,驼鹿每天都要花几个小时在河里或者湖里,因为这样既可以躲避蚊子的叮咬,又可以吃到水生植物,它们甚至还可以潜入到5米多深的水下觅食呢!

熊出没

在泰加森林中,黑熊和大褐熊是大型的哺乳动物。虽然这些"大个子"常常出没于浓密的森林和茂密的荆棘地里,但它们更愿意在长满球果植物和阔叶树混合的森林里流连忘返。

大褐熊是褐熊家族中体形最大的成员哟!

在森林里一定要提防这种可怕的大家伙,尤其是当你拿着它们感兴趣的食物时!

雄性褐熊的体重大约有140公斤,而雌性褐熊的体重却只有雄性褐熊的一半。它们看起来比较笨重和迟缓,但是你可不要被它们那憨憨的样子欺骗哦!

如果你想和褐熊赛跑,那你的速度一定要超过每小时55公里。如果跑不出这样的成绩,那么你一定要想其他的逃生方法了,否则你会成为褐熊的"蛋糕"!听起来是不是有点儿可怕?

如果你想在水中和褐熊一决高下,恐怕你已经犯了决策上的错误,因为褐熊不仅跑得快,同时还是一个游泳高手。要知道,它们可是常常在水里捕捉鱼类来填饱肚子的。

如果你想爬树躲避褐熊,恐怕也会以失败告终,因为褐熊善于攀登,当森林中有一点点让它感到不安的风吹草动,就会爬上树顶藏起来。

小熊都会爬树!这下你知道还真是不能惹它们了吧!

不仅如此,褐熊的嗅觉也非常灵敏,在很远的地方,它们就能嗅到入侵者和食物的味道。

褐熊是不是太完美了?难道它除了肥胖的身躯,就没有别的缺点了吗?

当然有!在过去,东北褐熊有一个非常有名的绰号——熊瞎子!这就是它的弱点,因为这个大家伙的视力实在是不够好。

有趣的是到了冬天,褐熊就不见了踪影。你知道它们去哪里了吗?

你可不要说,它们跑到温暖的南方去了哦!因为这种猜测是绝对不可能的。

每到冬天,褐熊就会为自己找一个舒适的巢穴,静静地睡它的"美容觉"去了!

不过,你可别觉得这个大家伙睡着了,就想对它搞点什么"小动作",虽然冬眠让它们变得很迟钝,但倘若你敢去打扰它们,嘿嘿,小心它们会出洞哦!

北方的狼

在世界上的很多地方,狼还真是应了那个成语——声名狼藉。在加拿大森林、斯堪的纳维亚森林和俄罗斯森林里,狼算是一种比较常见的动物。

受季节和食物供应的影响,狼或者单独行动,或者夫妻结伴出行,或者成群捕食。当狼群成群出动的时候,森林里的大型哺乳动物就要更加小心了。

在狼的食谱上,动物永远是它们的首选。从个头较小的鼠和鸟,到大个头的驼鹿,这些无疑都是它们美味的"盘中餐"。

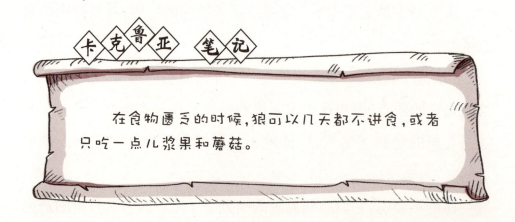

在食物匮乏的时候,狼可以几天都不进食,或者只吃一点儿浆果和蘑菇。

老虎大王

在中国的传统文化中,老虎无疑是所有食肉动物中最为"出众"和最为人们所熟知的了。它的脑门儿上那个三横一竖的"王"字花纹,无疑是在炫耀自己百兽之王的地位。

在泰加森林里,老虎是不可缺少的动物。在所有猫科动物中,西伯利亚虎(东北虎)是世界上最大的虎种。一只长2.8米的雄性成年西伯利亚虎,质量可达400公斤。

老虎是一种喜欢夜间活动的猎手,它们比较喜欢捕食大型的猎物,如野猪、野牛和鹿。对于西伯利亚的严寒天气,它们也毫不畏惧,因为在它们的两肋和腹部都有厚厚的脂肪层,这足以让它们抵抗严酷的气候。

如今,西伯利亚虎已经陷入濒危的境地。森林被人类砍伐,西伯利亚虎生存的自然环境消失了。而人类的肆意捕杀,更让西伯利亚虎的生活雪上加霜。现在,人们已渐渐认识到了保护它们的重要性,如今已经设立了自然保护区,旨在拯救这一濒危物种。

泰加森林中的鸟儿们

当秋风吹起的时候,选择在南方过冬的鸟儿们就要准备起飞南下了。但是在泰加森林中,有几种鸟类却打算留在这片寒冷的土地上,和森林共度寒冬。

第一种要介绍的鸟叫松鸡。松鸡在泰加森林中非常常见,它的尾巴长而且大,总是摆出一副骄傲的姿态,仿佛向全世界炫耀自己

那身美丽的羽毛。

在恋爱期间，雄性松鸡更喜欢自我炫耀，它们不停地上蹿下跳，飞几米就会停下来，然后继续飞，同时还会发出"咯咯"的叫声。

第二种要介绍的鸟叫雷鸟。在远离人类足迹的地方，常常能够见到雷鸟的身影。它的脚趾周围有很多长毛，这样既保暖，又不会陷入松软的雪地里。雷鸟有一个不同寻常的特征，它的羽毛会随季节变化而变色。在冬季，它的羽毛会变成白色，与雪景浑然一体，春夏季则变为有横斑的灰色或褐色。这是雷鸟躲避敌人的一种方式。

第三种要介绍的鸟叫交嘴鸟。这种鸟的喙长得非常奇特，上下交叉。这样的形状可以让它更好地吞食云杉、松树和落叶松的球果种子。更有

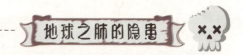

趣的是,这种喙还能帮助它们爬树。

当鸟妈妈不在的时候,交嘴鸟的幼鸟能保持冬眠状态,而当鸟妈妈回来时,它们又清醒过来。

上面说的这些仅仅是泰加森林的"冰山一角",那里神奇的地方还有很多呢。

你不知道的

有一种叫云杉的树,每到圣诞节时,就会被人们砍伐下来,用来点缀房屋。它的寿命很长,有的能达到300至700岁。而它的针叶在腐烂后,会释放出一种化学物质,改变所在土壤,让其他植物很难在此生存。植物的这种本领,叫自毒作用。

你好，美丽的热带雨林

从生物的丰富性来讲，雨林真的可以称为各种生物的天堂。

经过长期的进化，热带雨林已经成为一种生态模式，无数动物和植物在此安家落户了。

但是热带雨林也有个可怕的绰号——"绿色地狱"。那是因为对于不了解热带雨林的人来说，如果贸然进入，很有可能有去无回了。

好可怕！但还是好想进去看看呀！

热带雨林的真面目

说到热带雨林，总是会让人的脑海中浮现出这样一个画面——浓密的植被覆盖着整个地面，如果想要在里面穿行，每走一步都需要卖力地挥舞着刀斧砍断树枝藤蔓，只有这样才能为自己的前行开辟一条道路。

其实这只是热带雨林的一个侧面而已。

行走在热带雨林中,你会发现光线能够穿过浓密的绿叶照射进来,景象在光线中变幻莫测。斑驳的阳光环绕在我们周围,迎面还有徐徐凉风吹来,温暖而湿润。

在南美洲的亚马孙河流域、非洲的刚果河流域、亚洲的菲律宾群岛、马来半岛、越南、印度、缅甸和中国的海南岛以及云南的西双版纳,都分布有热带雨林。

查看一下世界植被分布图,你就会发现,分散各地的热带雨林形成了一条环绕赤道的暗绿色植物带。因为赤道地区常年处于高温状态,有着充沛且分配均匀的降雨,所以在那里便形成了热带雨林。

只属于雨林的独特景象

热带雨林的环境十分险恶,但它所特有的景象却是十分迷人的,否则也就不会有那么多人冒死进入其中了。

那么就让我们快点看看这些独特的雨林景象吧!

雨林中的神秘墙——板根

雨林还真是闷热潮湿啊,这些"从天而降"的藤蔓挡住了我的路。哇,那个是蚂蟥吗?鸡皮疙瘩都起来了⋯⋯哦,那个是什么?简直像一面大墙!

其实那可不是什么大墙，实际上是热带雨林中的乔木的根。因为它们的外形好像大型板墙一样，所以又被称为板根。瞧瞧这些板根，一个接一个，走到里面，一不小心就会迷路的！

看来我要十二分的小心了！

板根是热带雨林乔木最奇特的景象。早期来到热带雨林的欧洲探险家们，将这些纵横交错的板根描绘为最神秘、奇妙的热带雨林现象。

这些墙一样的板根又是如何形成的呢？

热带雨林的土壤大多非常浅薄，但是那些乔木的身躯却非常高大、粗壮，当然还很沉重，而且大多数乔木的根扎得都非常浅，又没有主根。

这些高大的乔木好像有点"头重脚轻"了哦！而且它们的身上还有许多藤萝植物纠缠着。

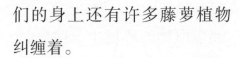

在这里世世代代生活的乔木，更清楚自己的状态，所以它们早就想好了解决这个问题的办法，那就是以树干基部为中心，由侧根向外生长，成

辐射状。侧根延伸出3至5条像板墙一样的翼状结构,就好像是用板状支架来支撑和加固它们庞大的身躯似的。

不知道你有没有注意到,负重大的一侧,板根反而更发达。这些板根的高度和长度都可达到10多米!哦,天啊!它们看上去就像一面高大的"树墙"。

这样的"树墙"也会让企图砍伐树木的人类望而却步,从这点看,"树墙"也成了乔木保护自己的武器。

独木也能成林

呀!是什么东西把我绊了一个大跟头啊?好疼……这个从树干上斜着长出来的柱状东西是什么呀?

原来是树根!

这明明是从树干上长出来的嘛,虽然也不像是树枝,可是说它们是根,未免有点夸张了吧!

这就是热带雨林的奇妙之处!在高温、高湿的环境下,一些树木能够从茎干或者树枝上生出不定根,以便从空气中吸收水分和营养,还可以进行呼吸作用。科学家给这种根起了一个特殊的名字——气生根。

这些从茎干或树枝上生长出来的气生根不断地生长,最终接触到大地,于是它们就牢牢地抓住了土壤,迅速地增大变粗,很快就生长为一根根支柱一样的根,而这些根的组合,看起来就像一座小小的森林。

你现在明白了吧,其实这些根都来自于同一棵树,所以就真的"独木成林"了!

你能猜到这些气生根的作用吗?

之前也说过了,热带雨林中的土壤多数很浅薄,乔木还没有主根,这就是说,这些气生根和前面所提到的板根有着同样的作用,支撑这些"头重脚轻"的大家伙。既然都是根,当然也可以吸收空气和土壤中的水分和无机盐了。

这独木成林的景象,还真是别有风情呢!

雨林中隐秘的"绞杀"

"绞杀"不就是勒死的意思吗?

这个听起来很残酷的词语,在雨林中可不是形容动物的行为,而是形容植物的行为!

我不是吓唬你哦!你知道植物为什么要进行这种残酷的"绞杀"行为吗?

试想一下,如果你现在身处雨林中,最先感觉到的是什么?

你一定会回答,那就是这里的植物很密集吧!

的确,这里的植物很密集,它们要想获得更多的营养物质和充足的阳光,就必须争个"你死我活"了。

榕属植物往往是实施"绞杀"的主要"凶手"。它们的果实被鸟兽吃掉以后,消化不了的种子就被鸟兽们排泄在其他树木的枝丫上,而这些种子会在这些枝丫上萌发,然后像附生植物那样依附于附主植物,并且长出很多朝向地面的气生根。

气生根不断地向四周生长,最终形成了紧紧箍住附主植物的根网。随着根网越来越多,越箍越紧,附主植物"呼吸"困难,最终难以生长,甚至死亡。所以最后,在原来本是两株植物的地方,就只剩下这些榕属植物,成为一棵独立的大树继续生长着。

你是不是感慨,这真是一场残酷的竞争啊!

美丽的空中花园

快瞧,那棵大树上的花朵好漂亮!

不过我只说对了一半。没错,那朵高高在上的花朵的确很漂亮,不过它可不是这棵大树开出的花朵。仔细看好了,那朵花实际上是附生在这棵大树上的另一种植物的花朵。

这些附生植物"居住"在高大的乔木上,依靠气生根吸附于树干上,悬垂在空中,吸收着雨露和空气中的水分,以大树枝丫上的腐殖质为营养生活着。

你也可以这样理解,这些附生植物的"生老病死"都是在大树上进行的。

附生植物的体态通常很小,但是也能进行光合作用,不会掠夺附主植物的营养和水分。通俗一点讲,附主植物对于附生植物是"管住不管吃",而这些附生植物也是不会杀死寄主的。

由于这些附生植物的形态各异,开花时节,这些高大的乔木枝丫间看起来五彩缤纷,就如同美丽的空中花园一般,为热带雨林又增添了一道亮丽的风景。

会滴水的叶尖

热带雨林的最大特色应该就是雨水充沛。即使是在天气晴朗的早晨走进热带雨林,也会发现雨林下层一些树木的叶尖有水珠滴落。

原来在热带雨林中生长的植物,叶面的水膜都向细长的叶尖汇集。凉爽的夜晚,空气中的水汽凝结成水珠后,再顺着叶子自然滴落,看起来仿佛是叶子流出来的水一般。

你可不要小瞧这些特别的叶尖哦!这些雨林中特别的植物,都是历经了千百万年的进化之后,才逐渐形成了这种尾状的叶尖。这样的形状正好方便了水从叶面水膜经过,在叶尖慢慢地滴落,这种叶尖也因此被称为"滴水叶尖"。

这种滴水叶尖的最大好处,就是能够使叶面很快变干,带走菌类、地衣、藻类、虫卵等附着物,让叶片更自由地呼吸、蒸腾和进行光合作用。

人们习惯称这种叶尖为"滴水叶尖"。

开花结果的老茎

你一定会说,花朵和果实不都是生长在枝头的吗?

你说得没错,但热带雨林实在是个奇妙的地方,在这里有太多的"与众不同"了。在老茎上开花结果,也是热带雨林的独特景象之一。

你吃过波罗蜜吗?它就是结在树干上的一种水果。它的质量甚至可以达到10多公斤。

10多公斤呀!幸好是生长在树干上,如果生长在枝头,恐怕早已把枝条压断了!

你知道热带雨林为什么会出现这种老茎开花结果的现象吗?

那是因为热带雨林中的物种非常多,不同种类和不同特性的植物形成数个彼此重叠、枝叶密集、不同高度的冠层。处于中下层的乔木和灌木也需要昆虫的授粉才能形成种子,繁衍后代,所以为了获得更多的授粉机会,它们就会把花朵开在老枝或者基部粗大的树干上,这样授粉的机会就能多一些了。

这回你明白了吧?原来这是为了生存展开的一场竞争!这些植物是不是很聪明?它们的妙招是不是很多?

热带雨林——巨大的垂直世界

居高临下的世界

这里的"巨大",绝不仅仅指地理面积上的优势,还包含着雨林

的多个层次、多个方面。

整个热带雨林就像人类建造的高楼大厦,虽然各层次之间的界限不像楼房那么分明,但是基本的原理都是一样的。

在这些"楼房"当中,巨大的乔木当属最高,它也是人们走入雨林时,一眼就能看到的"大个子"。它们的身高要远远超过周围的其他植物。

这些乔木具体有多高呢?

在热带雨林里,不同的层次有不同的物种栖息。

这些乔木有的可以达到60米高,5米粗。当你抬起头来仰视它时,那像伞盖一样巨大的树冠,就像一个飘浮在空中的绿色小岛,这些"小岛"构成了热带雨林的最高层。

接下来看到的"较高层"就是由这些乔木的枝叶构成的,距离地面的高度为15米至45米。在这里,阳光被稠密的枝叶遮挡,雨水在枝叶的"挽留"下停下了脚步。如果恰逢下雨,生活在较高层的动物要在好几分钟以后才能感觉到雨水的降临。对于雨水而言,那里的树叶密不透风,想"痛快"地下落也是很难的。

热带雨林的较高层也是大多数动物选择居住的家园。那里盛开着美丽的花朵,结满了丰富的果实,供动物们食用。

善于攀缘的猴子是最引人注目的哺乳动物,灵活的四肢和有缠绕能力的尾巴让它们自如地穿梭于林间。

树懒用它们强有力的爪子抱住树枝,仿佛静止的木桩,一动不动。由于长时间不移动,它们的身上甚至还会长出绿色的藻类植物。不过这样也好,有了藻类植物的掩护,也能够躲避它们的天敌的抓捕。

这里也是鸟类的天堂。许多色彩斑斓的大型鸟类在这里快乐地生活着,如金刚鹦鹉、犀鸟和巨嘴鸟。热带雨林为它们提供了丰富的果实和种子,让它们过着"丰衣足食"的生活。

昆虫统治的底层世界

接下来,再让我们看看热带雨林的底层的状况如何。

热带雨林的底层是一片宁静而且昏暗的空间。在这个空间里,温度和湿度常年维持在同一个水平上。稠密的枝叶就像它们的屋顶,阻挡着树冠上的潮湿空气,拦截着来自外界的光线。据计算,只有1%至2%的光线能够透过枝叶到达林间的地面上。

由于底层得到的阳光非常稀少,所以这里的植被也相对非常稀少,有的地面甚至连植被都没有。所以这里的食草动物也很少,人们很难发现它们的踪迹。

尽管有矮河马、水豚、豹、美洲虎等出没,但是它们并不是底层生命的主力。热带雨林底层的常住者是无脊椎动物,特别是昆虫,它们简直是雨林底层的统治者。在这里,最常见的昆虫就是白蚁了,它们能迅速吞噬掉树干和枝条,而这些腐烂、分解的树木又可

地球之肺的隐患

以给其他植物提供养分。

在这里,不得不提到的另外一个成员就是军蚁,也称为行军蚁、军团蚁。当它们的"大部队"浩浩荡荡地穿过森林时,你最好飞似的逃开,因为它们所过之处,几乎会摧毁一切!

底层还有让人看起来很不舒服的蚂蟥,它们也逍遥自在地生活在这里。这里的环境太适合它们了,所以蚂蟥的数量非常庞大,它们的可怕程度绝对不输给毒蛇。

你一定想说,蚂蟥不是生活在水里吗?为什么在热带雨林里会有这么多呢?

通常情况下是这样的,不过雨林里的气候有多潮湿,你已经感受到了吧!空气中充足的水分,让蚂蟥把"家"从水里搬到了岸上。

在这里,我还要提醒你一句哦:小心蚂蟥!

热带雨林里有闷热而潮湿的空气,有从天而降的藤蔓,还有那些不知道什么时候就会钻出来的毒虫蚂蟥!

你不知道的

在热带雨林里行走,如果你感觉口渴而又没有水,只需切下一块植物的根就能解渴了。但是做这件事的时候一定要非常谨慎,最好是在当地人的指引下做。否则你可能会品尝到某些有毒的树的汁液,那真是太危险了!

奇幻而热闹的森林

在热带雨林中，大约生活着地球上约70%的动物和植物，它们中的绝大多数可能至今都没有被人类认识。那里有5万多种树木，超过3万种花草，仅仅在亚马孙森林中心，大约就有1500种鸟类、500种哺乳动物、无数昆虫……

奇异的林中植物

世界上最大的花——大王花

你知道世界上最大的花是什么花吗？

在印度尼西亚和马来西亚的雨林中，生长着一种直径约1米、重达9公斤的大花草，它就是世界上最大的花——大王花。

有趣的是，这种花没有茎、叶、根，但它却能够吸取附近植物的汁液和营养物质，以满足自身的需要。

你是不是闻到了什么味道？好像有点臭哦！这就是大王花的气味。当它要繁殖的时候，就会散发出一种强烈的屎臭味来吸引授粉者，如苍蝇。就因为这一独特的个性，让它成为闻名世界的花，也可

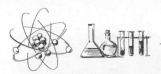

以说是"臭名远扬"哦!

世界上最粗的树——猴面包树

猴面包树生长在非洲的稀树草原。它的形状奇特,树干非常粗壮,好像一个大肚佛,树冠非常巨大,树杈的分支也是千奇百怪,好像树根一样。从远处望过去,整个树像是摔了个"倒栽葱",看上去虽然笨笨的,但是样子还是蛮可爱的。

猴面包树的果实呈椭圆形,就像橄榄球大小,而且口感甘甜、多汁,样子很像当地的一种烤面包。猴子和猩猩等动物非常喜爱这种果实,每当果实成熟时,它们就成群结队地爬上树去摘果子吃,"猴面包树"的名字就是这么来的。

猴面包树内部还储存着许多水分,当地的人们会直接划开它的树皮,取水饮用,因此这种树就成为热带草原上巨大的"水塔"。

因为猴面包树足够粗

大,人们还会把它掏空,用作住房或者储藏室呢!

毒木之王——见血封喉树

"见血封喉"就是武侠小说中常见的那种只要稍稍擦过皮肤,立刻就要了人命的暗器。

在热带雨林里,见血封喉树是一个珍贵的树种,它和武侠小说有着异曲同工之处的,就是真有剧毒。

见血封喉树又叫箭毒木,它的树干、枝叶和果实中都有剧毒,进入动物和人体内会使心脏停博,并导致血液凝固而死亡。如果误吃了中了这种毒的野兽肉,也一样会死亡。

如果不慎把它的汁液滴入眼睛,或者被这种树的枝干燃烧的烟熏到眼睛,就会导致失明。不过生活在热带雨林的猎人们,还是会巧妙地利用它们对付来袭的野兽。

有用的"乳汁"——橡胶树

放眼我们生活的社会,大到飞上天空的火箭、飞机,小到文具和体育用品,几乎都与一种东西有关,那就是橡胶。

橡胶来源于橡胶树。这种看起来不起眼的树,改变了整个世界的进程。假想一下,倘若这个世界没有了橡胶,会是什么样子呢?

是不是无法想象？

橡胶树原产于亚马孙热带雨林中。这里说的橡胶树就是三叶橡胶树,这种树高 30 多米,人们从它的身上提取出白色的"乳汁",这种白色的汁液在被烟熏过之后,就可以生产出橡胶。橡胶和钢铁、石油、煤炭并称为四大主要工业原料。

要想获得这些汁液,就需要在橡胶树上切开一道口子,因此印第安人给橡胶树起了一个形象的名字,叫"哭泣的树"。

你一定还不知道呢,橡胶树的种子和树叶都是有毒的,所以我们要尽量避免去触碰它们。

奇怪的果子——炮弹树

炮弹树就是长着像炮弹一样果实的树。

炮弹树的果实又圆又大,外壳还很坚硬,质量可达 8 公斤,所以人们就给它起了这么一个生动的名字。

不过,炮弹树的果实可不仅仅是长得像炮弹。果实成熟以后,一旦被小鸟啄食,就会轰然炸开,发出像炮弹一样的响声。果实里的种子和果肉就会向四面八方飞射,不少鸟儿会被这突如其来的"弹片"击中,头破血流。

是不是觉得这些小鸟好可怜哦？

炮弹树原产于南美洲圭亚那，不过现在在南亚，尤其是斯里兰卡、马来西亚等地种植得更多。炮弹树的果实肉厚，但味道并不好，它那坚硬的外壳常常被人们拿来制作器皿。

吃啥都是甜味的神秘果

瞧，这些鲜红色的小果子，只要吃下去一颗，在短时间内，无论你吃任何酸的东西，都会感觉到甜蜜无比，听起来是不是很神奇？

所以它才叫神秘果哦！

之所以有如此神秘的效果，是因为它的果肉中含有一种蛋白酶，这种蛋白酶能够改变人的味觉。

"吃荤"的植物们

提到植物，人们会觉得这些安静的家伙都是绝对的素食主义者。但实际上，这个世界上就有一批怪异的"吃肉"植物。

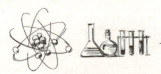

　　为了吸引猎物,它们会把自己"打扮"得色彩缤纷,而且还会散发出奇特的香气,有的甚至还会产生一种香甜可口的物质,让猎物们主动"登门造访"。

　　在这些肉食植物中,捕蝇草的动作最为敏捷,它的"双颌"能够在 1/30 秒内闭合,这样的速度让任何昆虫都难以逃脱。

　　还有一种叫茅膏菜的植物,它的武器则是黏糊糊的毛,这些毛能够粘住昆虫,然后再把昆虫卷进叶子里"吃掉"。

　　另一种"吃肉"的植物叫猪笼草,它的陷阱袋里有一种液体,昆虫掉进去就难逃淹死的厄运了。

热带雨林中的动物们

独自捕猎的美洲豹

　　美洲豹是南美热带雨林地区最强壮的猫科动物了。它的体形

比较大,雄性最大的质量可以达到 130 公斤至 180 公斤。它们喜欢在地面捕猎,而且它们还是夜猫子,总喜欢在夜间行动。

美洲豹的食谱里有哺乳动物、鱼、蛙、龟,甚至还有小短吻鳄。它能够杀死比自己大三四倍的兽类动物呢!

它们可不挑食哦!

如果你看到它捕鱼的样子,一定会被它的耐心折服。它先是锁定一条鱼,然后耐心地等待,悄悄地靠近猎物,一次性捕获成功。

不过这种情况只发生在它不是很饥饿的情况下,如果它是一只饥肠辘辘的美洲豹,见到猎物一定会毫不犹豫地扑过去吃掉。

吃蚂蚁的动物们

说到爱吃蚂蚁,恐怕没有动物能够比得上食蚁兽。看看,它的名字里就有它爱吃的食物呢!

食蚁兽生活在南美洲,它那黏黏的舌头能够达到 1 米长,方便

它搜索白蚁巢和蚂蚁窝，同时还能袭击它想吃的猎物。不过我要告诉你一个小秘密，食蚁兽是没有牙齿的，蚁类都是直接进入到它的肚子里的。

还有一种爱吃蚂蚁的动物叫穿山甲。它的身上穿着厚重的"盔甲"，遇到危险的时候，能够将自己缩成一团，以免遭到敌人的毒手。

变色龙的世界

在赤道和热带森林中，生活着成千上万种蜥蜴。虽然它们都是

冷血动物,但是它们却喜欢炎热的天气。

变色龙的模样并不引人注意。因为它的行动非常缓慢,喜欢停留在树枝或者叶片上,所以人们发现它的概率就很小。不过如果你已经发现了它,那么请你一定要仔细观察它的眼睛,你看它的眼睛是不是叽里咕噜地左看右看?

你要知道,一动不动的变色龙就是靠着这双圆圆的大眼睛观察着四周的情况。它一旦发现猎物,就会猛地伸出长舌头,将昆虫卷入口中。

变色龙这个名字来源于它会变色。它经常将自己的皮肤颜色和所处的环境混淆在一起,所以非常不容易被发现。而且当它意识到自己身处险境或者遇到不开心的事情而生气时,它也是会变色的哦!

定居在树上的动物

在南美森林的大树上,生活着一种令人不可思议的动物,它们很少来地面活动,不仅整天挂在树上,而且还固执地挂在同一个枝条上。

喂喂,你这家伙,也太懒了吧!

任凭你对它说再多这样的话,它也不会动的,除非这个树枝上的叶子都被它吃光了。就如你所说,它看起来真是太懒了,所以人们形象地叫它——树懒。

据说树懒一生中 80% 的时间都在睡觉,就因为它活动得太少,

呵呵,这就是憨态可掬的树懒先生!

在它身上就渐渐长出了藻类植物,甚至还会有蝴蝶来这里避难。

树懒不仅懒,行动还非常缓慢,据说1小时也走不了250米。真搞不懂它到底是因为懒所以慢,还是因为慢所以才变懒的。

危险的蛇

说到热带雨林,就不得不说说蛇。

在亚马孙雨林中,生活着世界上最大的蛇——南美蟒蛇。这种水生的蟒蛇,体重可达250公斤。

真是个大家伙!

和其他蟒蛇一样,南美蟒蛇是没有毒液的,它们杀死猎物的方法就是紧紧缠绕,最后让猎物窒息死亡。事实上,猎物在被它们当作美餐之前,骨头已经被勒碎了。

真是个可怕的大家伙!

如果说蟒蛇的杀伤力在于它的力气,那么珊瑚蛇靠的就是毒液了。这种色彩绚丽的珊瑚蛇是人类和其他动物的危险敌人,被它咬伤以后,很快就会丧命,幸运的是它只以小型的爬行动物为食。

水中杀手

在热带雨林的沼泽和河流中,最强壮的捕猎动物恐怕莫过于鳄鱼了。它们既可以在水中捕猎,又可以从水中蹿出来,迅速抓住陆地上的猎物,然后拖入水中淹死后慢慢食用。尽管鳄鱼在陆地上不如在水中动作敏捷,但是它在陆地上的行动速度依然很快。

其实藏身在水下的可怕杀手并不仅仅只有鳄鱼。在亚马孙热带雨林的河流里,还有一种令人毛骨悚然的鱼。这些鱼经常成千上

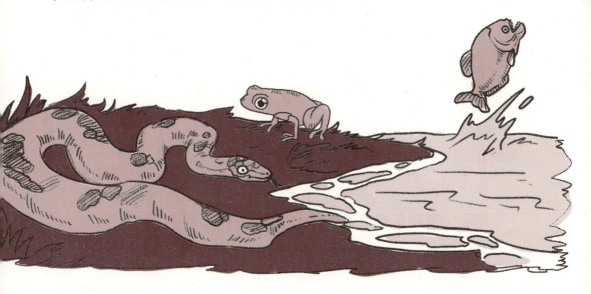

万地集体出动捕食,它们那尖锐而锋利的牙齿,看一眼就会让人不寒而栗,这就是臭名昭著的食人鱼。

食人鱼会袭击人或者动物,它们在很短的时间内,就会将一头大型动物的肉撕光,只剩下一具白骨。

小而艳丽的毒蛙

在热带雨林中,蛙类的长相都非常奇特,它们的个头虽然不大,但肤色却五彩缤纷,有的甚至还长满了艳丽的条纹或斑点,真是美丽极了。

不过在雨林中,越是美丽的东西,越应该离得远一些,因为这些青蛙之所以长成这个模样,就是为了吓跑可能到来的捕猎者,而那些美丽的颜色,则意味着——有毒!

如果有哪只小型的捕食动物不小心吃掉了一只这样的青蛙,马上就会全身颤抖,四肢瘫痪,在几分钟之内一命呜呼。而个头稍大一点的捕猎者可能不会那么快死掉,但是强烈的腹痛却是避免不了的。

它还真是个惹不起的小家伙!

美丽的鸟

在南美洲有很多美丽的鸟,其中最具代表性的就是鹦鹉。

南美大鹦鹉是鹦鹉科中最大的鸟类,其中紫蓝金刚鹦鹉有一身非常美丽的蓝色羽毛,非常稀有。

地球之肺的隐患

还有一种鸟,恐怕你见过一次就不会忘记,那就是巨嘴鸟。它长着一张非常大的嘴巴,而且嘴巴的颜色也是色彩斑斓的,非常醒目。这张大嘴很有用,巨嘴鸟能够将找到的果实抛到空中,然后张开大嘴让果实落在嘴里。如果果实比较大,它还能用大嘴将其剥开呢!

你不知道的

　　传说在欧洲白人入侵南美洲时,有一个士兵开枪射击了一对金刚鹦鹉。其中一只怦然落地,另一只飞走了。过了一会儿,正当这个士兵手拎猎物沾沾自喜时,刚刚飞走的那只金刚鹦鹉突然出现,先是一口啄瞎了士兵的眼睛,然后用嘴将地上的双筒猎枪拧成了"铁麻花"。

　　这个传说难免有些夸张的成分,但是也从侧面说明金刚鹦鹉确实有着很大的力气。

森林——地球之肺

人类和森林共同生活在地球的怀抱中。人类穿梭于森林中，求食、取暖、生存，而同为地球孩子的森林，也同样需要养育，需要呵护，需要我们这些对它不断索取的人类给予它感恩的回报。

这个带给我们无限生的希望的森林，它的现状到底如何呢？

世界森林的现状

不均衡的分布

从遥远的太空观望，地球是什么样子呢？

你一定会说，它是一个蓝色的水球。

可是如果再靠近一点呢？你能看到什么？云层还是河流、草原、沙漠、森林？

如果你真的能从俯瞰的角度来观察地球，不仅可以看到各种不同的地貌，还能看到它们的分布状况。世界上的森林分布状况是极

地球之肺的隐患

不均衡的。

森林是浓墨重彩的绿色，这种绿色被重重地涂在了南美洲、北美洲、亚洲北部和非洲的赤道地区。这四个地区的森林拥有量达到了全世界森林的60%。更令人瞠目结舌的是，仅俄罗斯、巴西、印度尼西亚和民主刚果四国，就拥有全球40%的森林。

世界上森林覆盖率最高的国家是芬兰，森林面积占全国面积的71%，平均每个人拥有5公顷森林。

这回可以理解芬兰有"世界森林之国"的美名了吧！

日本也是世界上森林覆盖率比较高的国家，他们清楚地明白一个道理：木材是可以进口的，但是用来保护环境的树木却无法进口。所以他们每年都会进口大量木材，以满足他们的使用需求。

放着现有的森林不砍伐，还要花钱进口？日本人的行为看着有点傻。

他们这么做,在有小聪明的人看来的确有点傻,但他们实在是有大智慧,因为他们宁可花钱从国外进口木材,也要保住自己国家的森林,保护环境。

日本人的这种行为更能向人们说明一个道理,那就是要爱护森林。

森林不是一天两天就长出来的。砍伐一棵树只需要几分钟时间,长成一棵大树却需要几十年甚至上百年。有了这个时间对比,你就应该明白,我们该怎样对待森林了吧!

森林面积越来越少

在地球的历史上,曾经有 2/3 的陆地被茂密的森林覆盖着。而今呢?世界森林的面积只有 28 亿公顷。

看起来是不是不少?

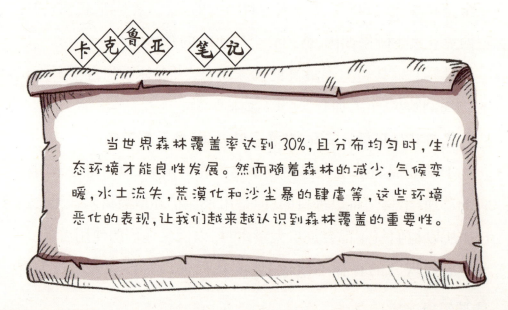

卡克鲁亚笔记

当世界森林覆盖率达到 30%,且分布均匀时,生态环境才能良性发展。然而随着森林的减少,气候变暖,水土流失,荒漠化和沙尘暴的肆虐等,这些环境恶化的表现,让我们越来越认识到森林覆盖的重要性。

地球之肺的隐患

你知道这 28 亿公顷森林和整个地球陆地面积的比例是多少吗？仅为地球面积的 22%！

据联合国的粮农组织统计，1990 年，全球拥有森林 39.6 亿公顷，仅仅到了 2000 年，全球的森林面积就减少为 38 亿公顷。如此算来，全球每年有近千万公顷的森林在消失。

南美洲拥有全球 21% 的森林和 45% 的世界热带森林，仅巴西一国就拥有世界热带森林的 30%，然而巴西每年丧失的森林也高达 230 万公顷。根据世界粮农组织报告，巴西仅 2000 年就生产了 1.03 亿立方米的原木。

是不是不想承认这些都与人类有关？乱砍滥伐和过度砍伐是森林减少的主要原因！

森林在中国

现在让我们将目光转向中国，看看中国的森林状况吧。

从这张图上可以看出，中国的森林资源并不丰富，不仅森林覆盖率低，而且地区差异也很明显。

在中国，绝大部分森林资源集中分布于东北、西南等边远山区和台湾山地及东南丘陵，而广大的西北地区，森林资源十分贫乏。中国的森林覆盖率为 20.36%，有如下三个特点。

◆宜林地区广,森林类型多样,物种资源丰富。

据科学家估算,中国的宜林面积占全国土地面积的1/4。世界有木本植物 20 000 余种,中国就有 8 000 余种,占世界的40%。其中乔木树种 2 800 种,占中国木本植物的 35%。而与中国同纬度的美国,仅有乔木树种 810 种。

◆森林面积和蓄积绝对量大、相对量小,森林覆盖率低。

1997 年,中国森林蓄积量为 101.4 亿立方米,森林面积和蓄积量分别位居全世界第五位和第七位。全国人均林地面积约为世界人均水平的 1/5,人均森林蓄积量为世界人均水平的 1/8。

地球之肺的隐患

2014年,有统计数据显示,全世界平均森林覆盖率为22%,而中国国内平均森林覆盖率则为21%,在世界各国森林覆盖率排行榜上位列第115名。

◆森林资源地区分布不均匀,总体趋势是东南多,西北少。

东北林区是中国最大的天然林区,西南林区是第二大天然林区,东南林区的人工林和次生林比重大。如此看来,中国的森林资源分布是非常不均衡的。

讲了这么多,相信你对中国的森林状况一定有了一些了解。

尽管中国的树种比较丰富,森林总体面积也不小,但是人均比率就显得很小了。

森林将何去何从

没有呼吸就没有生命。森林被喻为"地球之肺",可见人们已经认识到了森林的重要性。

仅从上面讲到的几点,就已经显露出我们这个"地球之肺"正在萎缩和衰退。在联合国发布的《2000年全球生态环境展望》中已经指出,由于人类对木材和耕地等需求,全球森林面积减少了一半,9%的树种面临灭绝,30%的森林变成农业用地,热带森林每年消失13万公顷,原始森林的80%遭到破坏,剩下的原始森林也分布极为不均衡。

在城市里,我们见过最多的树林也就是公园和马路两边的树

木了。

如果你从小成长在乡村或者林区,你会发现那些伴随你长大的树木正在逐渐减少。即使你没有在农村和林区的生活经历,上面那些数字,也该对你有所警示了吧!

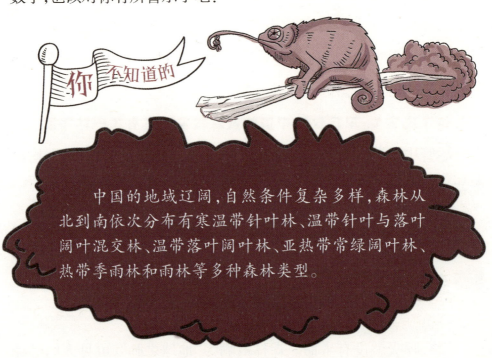

你不知道的

中国的地域辽阔,自然条件复杂多样,森林从北到南依次分布有寒温带针叶林、温带针叶与落叶阔叶混交林、温带落叶阔叶林、亚热带常绿阔叶林、热带季雨林和雨林等多种森林类型。

人类对森林的忏悔

美好事物的消失,总不会让人感到愉快,那就让我们反省人类的错误吧!

被过度开发的森林

我们的日常生活离不开木材。从建造房屋,到房屋里的家具,甚至是我们吃饭用的筷子……这些都是木材呀!

还有你使用的书本,你喜欢看的图书和画册,所使用的纸张大部分都是用木浆制成的,所以造纸行业对于森林也是一个巨大的威胁。

在最近的40年中,人类在纸张方面的消耗量增长了8倍,美国、日本、欧洲等发达国家和地区的消耗量最多。

由于人类大量消耗木材和木材产品,所以全球森林面积的减少已经不是一个人、一个地区甚至一个国家的内部问题,而是一个全球问题。

关于这个问题,我们就用2014年的一则关于森林被过度砍伐

> 我不知道全球一年要消耗多少吨纸张,但我知道全球每年用于生产纸张的树木近80亿棵。

的报道为例说说吧!在这则报道中提到,加纳政府正在评估从其他国家进口木材的可能性,用来弥补国内木材需求的缺口。这在全世界看来都是令人吃惊的消息,因为在2010年,加纳出口创汇的三大产品之一就是木材。

你也会同样感慨,就这么短短的几年时间,加纳就从一个木材出口国变成了急需木材的进口国,这变化也太快了吧!

加纳之所以落到如此地步,就是因为在这些年对森林进行无节制的开发,导致了森林资源的衰竭。

加纳绝对不是一个个例,以加纳为代表,让我们对全世界的森林过度开发的现状有了一个具体的认识。要知道,有很多国家和加纳一样,为了经济或者出于人口增长等种种原因,都曾经或者正在对森林进行着无节制的开发。这种只满足于眼前利益的行为,只能让人类陷入无木可伐、无林可用的穷途末路,最后悔之晚矣。

被非法砍伐的森林

非法砍伐森林是导致森林锐减的另一个重要因素。

很早以前,古人就说过,世间万物的生长都是"生长有时,采摘有时"。森林也是一样。

可是为什么还是有那么多人冒着犯法和道德谴责的风险去砍伐森林呢?

我想你的回答也一定是"利益"!

是的,人类的贪欲导致了这些非法行为。据联合国粮农组织

2002年报告,全球四大木材生产国(俄罗斯、巴西、印度尼西亚和民主刚果)所生产的木材有相当比例是来自非法砍伐的木材。

基于这一点,很多西方国家在进口木材时都采取了限制措施。例如:美国规定使用未标明合法产地的木材是犯罪行为。以此来杜绝非法砍伐。

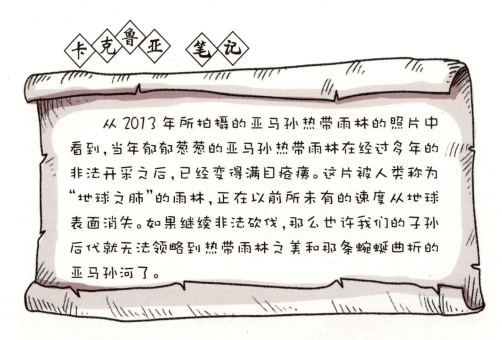

卡克鲁亚 笔记

从2013年所拍摄的亚马孙热带雨林的照片中看到,当年郁郁葱葱的亚马孙热带雨林在经过多年的非法开采之后,已经变得满目疮痍。这片被人类称为"地球之肺"的雨林,正在以前所未有的速度从地球表面消失。如果继续非法砍伐,那么也许我们的子孙后代就无法领略到热带雨林之美和那条蜿蜒曲折的亚马孙河了。

"杀鸡取卵"式的毁林开荒

随着地球人口的不断增加,紧随而来的就是粮食需求的增加。可是地球上可耕种的土地却是有限的,怎么办?

人类首先想到的就是拿森林开刀。将树木砍掉,原有的土地就能够当作耕地使用了,这样就有了更多的土地养活不断增加的人口。

在东南亚的雨林区,人们已经这样做了。经过多年的改造,许多雨林变成了梯田。

也许你只想到一点,那就是人们不愁吃饭的问题了。

短时间看是这样,然而随着耕地面积不断扩大,森林被一步一步缩减,问题很快就突显出来。没有森林保持水土、涵养水源,耕地在若干年之后就会沙化、退化,变得乱石裸露、寸草不生。

用"杀鸡取卵"来比喻,一点也不为过!

毁林开荒看似聪明,其实是自作聪明。

被烈火吞噬的森林

火对于森林来说,无疑是个致命的杀手。

森林火灾是指失去人为控制,在林地内自由蔓延和扩展,对森林、森林生态系统和人类带来一定危害和损失的林火行为。

森林火灾虽然是专业名词,不过这个倒是不难想象,熊熊烈火吞噬森林的画面,真的好可怕!

森林火灾的突发特性和森林的易燃性,导致扑救的难度加大,造成巨大的破坏性。

你一定会感慨:如果火灾能预报就好了!

如果火灾能预报,就没有火灾了。

除了天然林火,森林火灾更多的发生原因,却是来自于森林火灾的受害者——人类。据调查,90%的森林火灾都是由人类引起的。

1987年,发生在中国的大兴安岭特大森林火灾,受灾面积达133万公顷,受害林木总蓄积量为3 960万立方米。

森林火灾是不是太可怕了?森林里的动物好可怜啊!是的,不仅是动物,火灾还会降低森林的繁殖能力,引起土壤贫瘠,破坏森林涵养水源的作用,甚至会导致生态环境失去平衡。

现代的科技虽然很发达,但是一旦发生森林大火,还是让人力不从心。即便很快能够扑灭,也还是会有损失的。

被小虫子吃掉的大森林

森林还有一个巨大的威胁,那就是虫灾。

一个小小的虫子,有那么厉害吗?

你可不要小看这小小的虫子哦,虽然作为个体,它们的确很渺小,但是它们的群体却实在是太庞大了!

我这样说你一定更容易明白。这些小家伙的繁殖速度很快,而且虫灾爆发的时候,这些原本就以森林为食的小家伙,就会疯狂地吞噬森林。森林病虫害治理的重要性和必要性,也就不用再多讲了。

虫害是不讲人情的。中国也是一个森林病虫害较为严重的国家,每年因虫害给森林造成的直接经济损失就高达数十亿元。

是不是很多啊?

在中国,森林害虫种类共有8 000多种,经常造成危害的有200多种,其中危害较严重的十大病虫害有:松毛虫、美国白蛾、杨树蛀干害虫、松材线虫、日本松干蚧、松突园蚧、湿地松粉蚧、大袋蛾、松叶蜂和森林害鼠。

现如今,全球森林以每年4 000公里的速度减少着。当森林减少时,它所拥有的功能就会受到破坏,而生活在森林中的物种也会因为家园的缩小而不得不减少,这样水土流失的速度也会加快。没有森林吸附二氧化碳,全球的温室效应也会越来越严重。

又是自然灾害,又是人类的利斧,我们的"地球之肺"是不是真的好可怜啊?

你在外就餐时用过一次性筷子吗?那么你知道吗?日本每年要从中国进口150亿双一次性筷子,这些筷子被用过之后,又被回收造纸,很大一部分制成纸浆,又高价返销中国。这些筷子的来源就是中国的树木。

痛失森林的悲剧

森林不仅具有观赏价值,更是调节气候、防风固沙、涵养水源、保持水土、净化空气的地球保护者。森林还为人类提供各种资源,为动物提供栖息场所。

一旦森林遭到破坏,以上这些作用就会全部消失。

事实上,人类曾经的文明发展,就是以毁掉森林为代价的。

被砍伐的文明

那些古老文明的起源地,都是森林茂密、水草丰美的地方。森林,为人类文明的发展提供了资源。也就是说,人类文明的发展是以消耗森林为代价的。

既然人类文明依靠森林,当森林因人类的大量砍伐而消失后,和森林一起消亡的就只能是那些依靠森林而建造的文明了。

这听起来好像是绕口令。其实很简单,只要你明白人类和自然的关系是相互依存的,毁灭我们依靠的森林,最终必将自食其果。

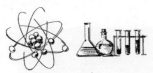

接下来,就让我们看看那些因为森林的毁灭而消亡的古代文明吧。

显赫一时的古埃及

提到埃及,你一定想到了金字塔、狮身人面像、木乃伊,还有一望无际的沙漠。

这的确是埃及给人们的印象。但是你知道吗?在公元前2000年至公元前1400年间,埃及还是一个气候温和的地方,那里有世界最长的河流——尼罗河。依托着上游大森林的保护,古埃及人在尼罗河两岸建立了家园,兴修水利,精耕细作,成为当时世界上经济最发达的国家。

随着尼罗河流域的森林逐渐被破坏,历经600年繁盛时期的古埃及文明,终于被后来3 000多年的荒凉和贫困取代。现在的埃及基本上变成了一个没有森林的国家,全国95%的土地已经变成了

地球之肺的隐患

荒漠。

你是不是也曾疑惑过，古埃及人为什么会选择沙漠建立文明？现在你知道了，原来这一望无际的沙漠都是人类的错误导致的。

消失的古巴比伦王国

作为四大文明古国之一的古巴比伦，算是消失得最彻底的一个国家了。毕竟其他三个国家都还有传承，而古巴比伦王国和曾经在那里生活过的人们，已经从这个地球上彻底消失了。

今天的伊拉克所处的地方，是底格里斯河和幼发拉底河流经的一片平原，这里就是曾经的古巴比伦文明所在地。

"河流的上游有大面积的原始森林，河水从森林中流出，哺育着那片大地上的人们。"这是神话中对伊甸园的描述，据说这个描述的原型就来自古巴比伦的地理原貌。

居住在这片沃土上的苏美尔人，在距今6 000多年前就发明了犁、轮车和陶器，创造了人类最早的文字和书籍。可以说，是两河流域林木繁茂的沃野，孕育了举世闻名的美索不达米亚古文明。

然而这一切繁荣景象随着人口的激增而渐渐消失了。人们为了获取更多的木材和燃料,为了建造宫殿,开始大量砍伐森林。当森林被砍光,草地被破坏,涵养水源和防风固沙的屏障消失了,那里最终从一个富饶之地变成了不毛之地。在公元前2世纪,高度繁荣的古巴比伦王国彻底从人们的视野中消失了……

印度古国的沦落

古印度是人类文明的发源地之一。就地理范围而言,古印度不仅指今天的印度,还包括巴基斯坦、孟加拉、不丹、尼泊尔等国在内的整个南亚次大陆。古印度的文明主要集中在印度河和恒河流域。

同为四大文明古国之一的古印度,也同样经历了森林被砍光,草原被开垦,土地荒漠化的痛苦历程。如今的印度已经变成了一个多水灾的国家。

黄土高原的教训

中国的国土面积辽阔,长江和黄河是孕育华夏文明的摇篮。黄河流域也曾拥有郁郁苍苍的森林,可是现在却是那沟壑纵横、满目荒凉的黄土高原。你能想象在公元前3 000年,这里的林木茂密,水草丰美,森林覆盖率高达60%至70%吗?

有一点是肯定的,那就是倘若当年的这里就是一片荒凉,那我们的祖先是绝对不会选择在这里创建家园的!

为什么曾经的美好家园会变成现在这样?那是因为这里的森林一直被人类砍伐,用来建造庞大的宫殿、民居,甚至烧火做饭。

如果说这些还不足以把这里变成黄土高原,那么历史上,发生在秦汉、明王朝、清初的三次由政府组织的大规模屯垦行为,则把这种乱砍滥伐推向高潮,给这里造成了毁灭性的破坏。

失去了森林的保护,水土流失不再有任何"顾忌"泥沙流入黄河,致使河床不断被抬升。如今,黄河有很长一段成为一条悬河,一旦决口,后果不堪设想!

历史的教训是很深刻的,我们善待森林,其实就是善待人类自己。

和森林一同消失的水土

土……

森林被破坏导致的最直接恶果就是水土流失了。据科学家测定,如果仅仅在自然力的作用下,形成1厘米厚的土壤需要的时间是100至400年;如果降水量为340毫米,那么每公顷林地的土壤冲刷量仅为60千克,但是如果没有林地,只是一片裸露的土地,那

么土壤的冲刷量则达到了6 750千克,流失量比有林地高110倍!

目前,全世界有1/3的土地受到严重侵蚀,每年有600多亿吨肥沃的地表土流失,其中耕地土壤流失250多亿吨。全球地力衰退和养分缺乏的耕地面积已达29.9亿公顷,占陆地总面积的23%。

你知道吗?只要地表有1厘米厚的枯枝落叶层,就可以把地表径流减少到裸地的1/4以下,泥沙量减少到裸地的7%以下。另外,林地土壤的渗透力更强,可达到每小时250毫米,超过了一般降水的强度。也就是说,即便是一场暴雨,森林也基本上可以全部将其吸收。这点足以证明,对森林的破坏将直接导致水土流失的加剧。

水……

水是生命之源,而森林则被人们誉为"绿色的海洋""看不见的绿色水库"。当然,森林也不负众望,据计算,每公顷森林的蓄水量约为1 000立方米,那么1万公顷森林的蓄水量即相当于1 000万立方米库容的水库。

之前我们曾经提到,日本是一个相当重视森林覆盖率的国家。1980年度的日本林业白皮书说,日本森林土壤中的储水量据估算达到2 300亿立方米,相当于该国面积为675平方公里的琵琶湖水量的8倍。

与之相反的,美国前副总统戈尔在《濒危失衡的地球》一书中写道:埃塞俄比亚在过去的40年间,林地所占面积由40%下降到1%,降雨量大幅度下降,随之而来的就是长期的干旱和饥荒。

20世纪80年代,非洲发生了严重的干旱,30多个国家面临大饥荒,每天都有数以千计的人死于饥饿。1984年至1985年,仅埃塞

地球之肺的隐患

俄比亚就被夺走了近100万人的生命。

由于森林锐减及水污染，造成了全球性的严重水荒。

目前，60%的大陆面积淡水资源不足，100多个国家严重缺水，其中缺水十分严重的国家达40多个，20多亿人的饮用水紧缺。预

计今后 30 年内,全球约有 2/3 的人口处于缺水状况。

水灾与旱灾是一对"孪生子"。破坏森林必然导致无雨则旱,有雨则涝。大量事实说明,森林有很强的截留降水、调节径流和减轻涝灾的功能。森林凭借它庞大的林冠、深厚的枯枝落叶层和发达的根系,能够起到良好的调节降水的作用。孟加拉国由于大量砍伐森林,洪水灾害由历史上的 50 年一次上升到 20 世纪七八十年代的每 4 年一次。

你不知道的

科学家分析,一片森林面积减少 10% 后,森林中生存的物种就将减少一半。地球上有 500 万至 5 000 万种生物,其中一半以上在森林中栖息和繁衍。由于全球森林的大量破坏,现有物种的灭绝速度是自然灭绝速度的 1 000 倍。目前,地球上的物种已消失了 25%,还有 20% 至 30% 面临灭绝的危险。

保护森林,从我做起

一直以来,都是森林带给我们各种好处,现在是时候该我们为森林做点什么了。说到底,其实还是为我们自己做,因为离不开森林的是我们!

我们首先要制止那些伤害森林的行为。对于乱砍滥伐,要坚决地说"不"。接下来,看看我们是否可以主动出击,为森林做点什么吧!

植树造林绝非老生常谈

停止乱砍滥伐是保护森林的第一步。做到这点,也只能是暂时减缓森林减少的脚步而已,要想增加森林面积,当然还是要植树造林。

除了增强大家爱护森林的意识,政府的措施更重要。只有把植树造林列入国策,才能更有效地达到增加森林面积的目的。

下面来看看中国政府的林业重点生态工程项目。

◆天然林保护工程

　　天然林保护工程主要解决天然林的休养生息和恢复发展的问题。该工程的实施范围包括长江上游、黄河上中游地区和东北、内蒙古等重点国有林区17个省、自治区的711个县和87个国家森林工业局。

◆"三北"防护林体系

　　1978年开始的"三北防护林体系"工程，是中国涵盖面积最大的防护林工程，从黑龙江到新疆，数十年来，使许多荒漠化土地得到了治理。

◆退耕还林还草工程

　　退耕还林还草工程主要解决的是重点地区的水土流失问题。该工程覆盖了中西部所有省及部分东部省区。该工程建成后，工程区林草覆盖率将增加5%，水土流失控制面积为8 667万公顷，防风固沙控制面积为1.03亿公顷。

◆环北京地区防沙治沙工程

环北京地区防沙治沙工程是从北京所处位置的特殊性出发，着重改善这一地区生态环境而实施的重点生态工程，主要解决首都北京及周围地区的风沙危害问题。

◆野生动植物保护及自然保护区建设工程

野生动植物保护及自然保护区建设工程主要解决物种保护、自然保护、湿地保护的问题。该工程实施的范围包括具有典型性、代表性的自然生态系统、珍稀濒危野生动植物的天然分布区、生态脆弱地区和湿地等。

◆重点地区以速生丰产用材林为主的林业产业建设工程

该工程主要解决的是中国国内的木材供应问题，同时也减轻木材需求对森林资源的压力，为其他五项生态工程建设提供重要保证。

拥有一棵属于自己的树

为了让小朋友们养成爱护森林、保护森林的意识，很多学校都会让小朋友去认领一棵树苗。当小朋友们和树木一起长大时，保护森林、保护环境的观念也会深深扎根在他们的心里。

或许你觉得一棵树算不了什么，但是正是这一棵棵小树组成了茂密的森林。即便是一棵小树，也有着不可估量的价值。

有科学家曾经对一棵树的生态价值进行过计算——假设一棵树的树龄为50年，它产生的氧气的价值约为3.12万美元；吸收有害气体、防止大气污染的价值约为6.25万美元；增加土壤肥力的价值约为3.12万美元；涵养水源的价值约为3.75万美元；产生蛋白质的价值约为0.25万美元；为鸟类及其他动物提供繁衍场所的价值约为3.125万美元。

也就是说，不算这棵树所结出的花朵、果实和木材价值，单是它的生长过程，就为人类创造了约19.6万美元的价值。

不合理、不安全的"一次性"浪费

一次性筷子

日本的森林覆盖率高达65%,在世界上是名列前茅的。日本人发明了一次性筷子,然而他们所用的一次性筷子,99%来自中国,而中国的森林覆盖率还不到14%。从这几个数据,你看出了什么?

再给你个数据,一棵长了10年的大树,只能做几千双一次性筷子。如果你的一日三餐都使用一次性筷子,那么一天用3双,一年就是3×365双,已经超过1 000双了。

换句话说,一个家庭有可能一年就"吃掉"了一棵生长10年的大树。中国有13亿人口,一年就吃掉好几亿棵生长10年的大树。这还没算上出口到国外,由外国人消耗掉的。

一次性筷子是日本人发明的,但日本99%的一次性筷子都是来自中国的。

一次性筷子在制造和运输的过程中,以及在销售的地方储存时,很可能产生一些卫生隐患。一次性筷子未必卫生,那么那些可怜的大树,岂不是白白"牺牲"了呢?

一次性纸杯

一次性纸杯比较软,很多人在使用的时候,都会多套一两个,用过之后都一起扔掉了。

不知道你注意到没有,一次性纸杯的内壁涂着一层聚乙烯隔水膜。聚乙烯是食品加工中最安全的化学物质,它在水中很难溶解,无毒、无味。但是如果所选用的材料不好,或加工工艺不过关,很可能会氧化为羰基化合物,一旦遇热,则会释放出有害物质。

如此说来,这明明是为了讲卫生而使用的一次性纸杯,实际上也有潜在的危害。你是不是开始有点排斥"一次性"的东西了?

一次性纸巾

方便的纸巾越来越受到人们的青睐,手帕逐渐淡出了人们的视野。而制造纸巾需要100%的纯木浆,生产1吨纸需要17棵生长10年的大树,生产440万吨生活用纸,就要砍伐7400多万棵大树!除了浪费树木,在造纸过程中还会产生大量污染环境的废水、废气。

如果我们都不用纸巾,那么大树就可以安然无恙地生活在森林中了。

纸巾的质量参差不齐,尤其是一些餐馆、小摊儿上的更是难以达标。原本为了卫生才使用的纸巾,现如今其实已经成了卫生安全的隐患。

所以,大家还是使用手帕。只要我们及时清洗,比那些不知道如何生产和如何存放的纸巾更安全和卫生!

人们总是盲目攀比,花高价购买用珍贵木材制成的家具。拿红木为例,这个原本生长在热带雨林里的珍贵树种,在追求奢侈的人们的追捧之下,遭到了严重的乱砍滥伐。

没有买卖,就没有砍伐。人

类的虚荣心,最后还要自己来买单。

觉醒的纪念日

森林的锐减已经引起了人们的普遍关注。除了像日本那样,在拥有较高森林覆盖率的同时,还有很多人会自带筷子外出用餐。我们还要珍惜每一片森林,让更多人意识到森林的重要性,从而走上积极保护森林的道路。

世界林业节

"世界林业节"也叫"世界森林日",是欧洲农业联盟在1971年通过并在同年11月得到确认。世界上第一个"世界森林日"是1972

年 3 月 21 日,有的国家把这一天定为植树节,有的国家根据本国的特定环境和需求,确定了自己的植树节。

现在,这个节日的意义更加深远,它不仅提醒人们去植树造林,更提醒人们关注森林与民生这一更深层次的问题。

国际森林年

"国际森林年"在 2011 年 2 月 2 日正式启动,是在联合国森林论坛第九次会议上开始的。发起"国际森林年"的目的是要唤醒人们保护森林的意识,促进森林管理、保护及合理开发。

植树节

植树节是以法律为形式,动员群众参加造林为活动内容的节日。按时间不同,可将植树节分为植树日、植树周或植树月。通过这种活动增进人们爱林、造林的感情,提高人们保护森林功用的认识,促进国土绿化,达到爱林护林、扩大森林资源、改善生态环境的目的。

中国的植树节是在每年的 3 月 12 日。

当然,保护森林绝对不是简单的几个节日就能做到的。如果真想挽救森林,也不该是一年中的某一天,而应该是每一天,每一时,每一刻……

拯救森林,实际就是拯救人类自己。

森林如此美好,森林带给我们那么多益处,如果毁在我们的手里,那我们真的成了千古罪人了。

森林可以吸收二氧化碳,释放出氧气。每公顷森林平均每生产10吨干物质,就会吸收16吨二氧化碳,释放12吨氧气。森林还具有调温功能,所以有了森林,温室效应的脚步也会放慢很多。如果我们无休止地砍伐、破坏森林,最后就会剩下一个光秃秃的地球……

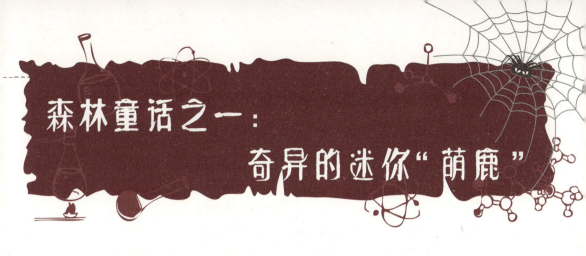

森林童话之一：奇异的迷你"萌鹿"

森林中有很多奇异的动物。与我们熟悉的猩猩、老虎、大象、青蛙、蜥蜴等相比，这些奇异的动物，有的样子奇特，有的体型大小令人惊异。假如你见到一些迷你版的小动物，或许一瞬间会有一种进入童话世界的感觉。

⚛ 普度鹿的神秘夜晚

夏日里，森林的夜晚显得格外神秘。微风伴着夏虫的阵阵鸣叫，温柔地拂过森林，一对母子正在林中进餐。虽然妈妈也只是30多厘米高的娇小身材，但它还是时不时地左右察看着，任何风吹草

普度鹿的神秘夜晚！

动都逃不过它的眼睛,因为它必须保护好身边那个小不点儿,也就是它的孩子。

这时候,一只小猫正悄悄地靠近这对母子,它的目标当然是那个可爱的小不点儿。然而,因为有着妈妈的保护,这只小猫最后不得不放弃了想美餐一顿的念头,以猫科动物特有的优雅步伐,悄然离开了。

如果你以为我在给你讲睡前故事,那你就错了。

这对母子实际是两只普度鹿,这是世界上最小的一种鹿。这只母鹿的肩部高度仅 30 厘米,也就是一尺,而小鹿刚生下来的时候只有 15 厘米高!你可以自己比画比画,它们看起来是不是非常迷你?

这个小家伙真是太可爱了!它们明明就是鹿的样子,却这样娇小,简直就像一个玩具,太萌了!

普度鹿生活在南美洲智利的瓦尔迪维亚温带雨林。这里还有一种非常奇特的植物,叫大叶蚁塔,而这种植物的叶子就是这些可爱的小家伙的最爱。这对母子刚刚就在吃这种非常特别的叶子呢!

地球之肺的隐患

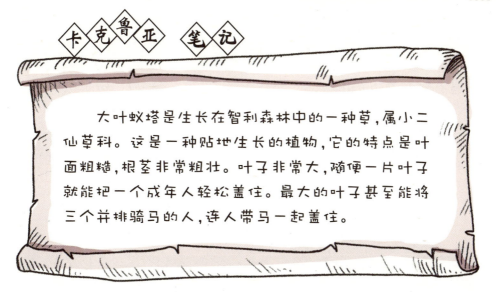

瓦尔迪维亚温带雨林?那么刚才的那只小猫肯定也不是普通的家猫了。

你猜对了!刚才那只对小普度鹿打歪主意的可爱小猫,实际上是美洲最小的猫科动物——南美林猫。这个小家伙的体重也就两公斤左右,体长在39至51厘米之间,和一般家猫的体型差不多。南美林猫的皮毛以灰褐色和红棕色打底,配合深色的圆形斑点,而到了肩部和头部,则变为条纹图案。

你是不是也觉得它们长得真的好像家猫啊?

刚刚介绍的是这两种动物的基本样子,而实际上,生活在森林里的这两种动物,要比北方地区的还要小些。

瞧瞧,这只没吃到大餐的小猫,不得不把追捕的目标转移到那些刚刚孵化出来的蛾子身上。现在正是蛾子孵化的时节,这个看起来很可爱的捕猎者应该能抓到几只蛾子果腹吧!

哈哈,瞧瞧南美林猫抓飞蛾的样子,左一下,右一下,活像一只悠闲的家猫正在追着蝴蝶玩儿嘛!

瓦尔迪维亚温带雨林

瓦尔迪维亚温带雨林是仅次于北美洲西海岸大熊雨林的世界第二大温带雨林,位于南美洲的智利南部,安第斯山以西狭窄的海岸地带,在南纬 37 度至南纬 54 度之间。

瓦尔迪维亚温带雨林为落叶阔叶林和针叶林形成的混交林,在常绿林下共生有大量的竹类和蕨类植物。因大部分生态区位于西风带内,强烈的西风裹挟着太平洋的水气,在安第斯山西坡形成迎风坡降水,因此这里的年平均降雨量为 3 至 5 米。

你或许会说:"博士,您说错了吧,降雨量都是用毫米来计算的,这个地方的降雨量也太多了吧!"

你没听错,就是 3 至 5 米!这里沿岸受到向北的洋流影响,形成了多雾潮湿的海岸。丰沛的雨水和湿冷的环境为温带雨林的生长提供了必要条件。这里的温带雨林属于南极植物区系，与新西兰和塔斯马尼亚岛的雨林是近亲。

瓦尔迪维亚温带雨林由四种类型组成，北部的森林是地中海式气候与温带海洋性气候的过渡地带，分布着以落叶阔叶林为主的森林，而南部则是主要由山毛榉、假山毛榉以及巴塔哥尼亚橡树组成的森林。中部低地地区（500米以下）是以常绿阔叶树为主形成的温带常绿林，主要以智利桂树、磷枝树以及茜草树等高大常绿树种组成的森林，林下由多桃金娘科灌木和智利紫薇组成的灌木层，草本植物则是智利大黄、藤类智利风铃草以及桫椤、乌毛蕨等蕨类。在海拔1 000米以上的巴塔哥尼亚山脉山前地带，则是由智利南洋杉和智利柏树组成的常青针叶林。

瓦尔迪维亚温带雨林

瓦尔迪维亚温带雨林中生活着很多南美特有的动物，除了世界上最小的鹿——普度鹿，以及美洲最小的南美林猫，还有阿根廷胡狼、海狸鼠、智利袋鼠等哺乳类动物。另外，这里还有大量的珍稀鸟类，包括麦哲伦啄木鸟、智利鸽、休休鸟、安第斯鹰等。

森林童话之二：被异形侵入的蚂蚁

一只子弹蚁趴在那里一动不动，从它的后脑处冒出一个小芽，随后越长越大。这情景，看上去就像科幻电影中的镜头。

你是不是觉得这个场面有点恐怖？

被同伴抛弃的蚂蚁

热带雨林中有非常多的昆虫，世界上80%的昆虫都生活在森林里。在森林里，种族繁殖最旺盛的莫过于蚂蚁了，差不多每公顷范围内就有800多万只蚂蚁。

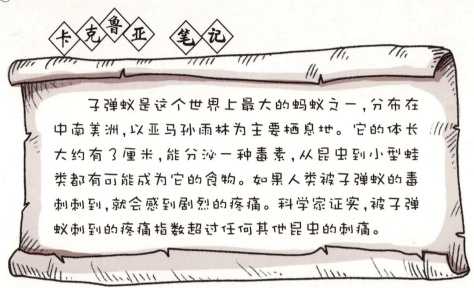

卡克鲁亚笔记

子弹蚁是这个世界上最大的蚂蚁之一,分布在中南美洲,以亚马孙雨林为主要栖息地。它的体长大约有3厘米,能分泌一种毒素,从昆虫到小型蛙类都有可能成为它的食物。如果人类被子弹蚁的毒刺刺到,就会感到剧烈的疼痛。科学家证实,被子弹蚁刺到的疼痛指数超过任何其他昆虫的刺痛。

子弹蚁是一种凶猛的蚂蚁,甚至连小型蛙类见了它们都会哆嗦。然而它们也不是没有对手,这不,一只子弹蚁就遇到了麻烦。它看起来非常痛苦,不断地用前足拨弄自己的头部,然而这似乎也解决不了问题。它痛苦地挣扎着,身体已经弯曲了,几乎头尾相连。

这时候,它的伙伴发现了它的异常,爬过来拖着它就走。

是不是看它生病了,想拖它回巢穴好好治疗呢?

不对,这不是回家的方向,而是离家越来越远了。快看,它的伙伴把它扔在一旁,自顾自地离开了。是的,这只痛苦的子弹蚁就这样被同伴抛弃在远离巢穴的地方了。

如果它的同伴不这样做,整个蚁群就面临着死亡的威胁。原来这只痛苦挣扎的子弹蚁的身体中侵入了一种"异形",这个可怕的家伙侵入它的脑袋,然后就在其中生长,最后从它的脑袋中爆发出来。

被"异形"侵入身体的子弹蚁完全失去了方向感,在受到感染的大脑的混乱指挥下,它只能往草叶上爬,然后用上颚紧紧地咬住叶柄。

"异形"是何方神圣

热带雨林终年都是潮湿炎热的状态,超过两米的年降雨量,让这里的地面始终处于潮湿状态。这样的环境大大有利于真菌生长。

刚刚那只可怜的子弹蚁,实际上是被一种虫草的孢子入侵了身体,这种致命的孢子最后会从蚂蚁的身体中爆发出来,长出子实体。而这个子实体一直增长,在三个星期后,它的顶端就会爆裂开来,散出更多的孢子,让更多蚂蚁被感染,被杀死。

哦,难怪那个可怜的子弹蚁的同伴会将它扔到很远的地方呢!

当然,这种虫草真菌并不只针对蚂蚁,它有几千种,而每个种

卡克鲁亚笔记

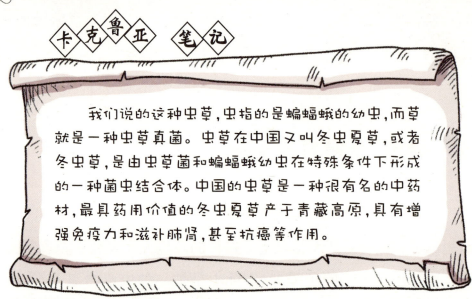

我们说的这种虫草,虫指的是蝙蝠蛾的幼虫,而草就是一种虫草真菌。虫草在中国又叫冬虫夏草,或者冬虫草,是由虫草菌和蝙蝠蛾幼虫在特殊条件下形成的一种菌虫结合体。中国的虫草是一种很有名的中药材,最具药用价值的冬虫夏草产于青藏高原,具有增强免疫力和滋补肺肾,甚至抗癌等作用。

类都专门负责对一个物种进行攻击。

瞧瞧,那个好像是死去的蜘蛛尸体,上面长满了毛茸茸的真菌。而那边那个死去的,是蚂蚱,还是螳螂?身上竟然长出了几株艳丽的细针状的蘑菇。再往那边看,是一只飞蛾的尸体吧,上面有几个白色的小蘑菇。

快来看看这是什么?它已经被白色的絮状物密密地包裹住

了，只能看见两个钳子形状的头部，还有上翘的尾巴。丰满的絮状真菌已经完全把它的尾巴变成像松鼠那样蓬松的大尾巴了。

那边还有一个半展开翅膀死去的蛾子，身上装点着细丝一般直立着的菌体。靠近头部的位置上竟然有几根高出其他菌体，也比其他菌体粗壮很多。

这些可怜的小生物，都被这些真菌杀死了！

小小物种协调员

一种金黄色的、黏糊糊的东西从地面冒出来，并且逐渐扩展开来，它们逐渐长成金黄色、类似金针菇一样的东西，一丛丛地成长起来，而且还有些黏糊糊的长丝连接在每个"金针菇"之间。

这是一种像阿米巴原虫一样的黏菌，这些家伙靠吃地表的细菌和腐败的植物为生。

热带雨林潮湿的地表简直就是真菌们的乐园，它们一个个冒出地面，打开伞盖就是真菌的子实体，也就是我们俗称的蘑菇。这还只是它们的表面现象，它们在地下，可是有着庞大的菌丝网络的。

这些家伙，不是出来干坏事的吧？

哈哈，你要这么想，未免有点冤枉它们了。在温带的森林，腐败的枝叶可以累积成为营养物质，而在热带雨林就不同了，那里的雨水过多，进入土壤的雨水会将养分冲走。

这么一来，植物们就没有营养了！

是啊,但是你不用担心,这个时候,真菌在地下的庞大网络就派上用场了。它们连接着树根,快速分解死去的生物,让对植物很重要的矿物质再次回到树木的枝干里。

这样就保住树木的养分了,想不到这些貌似可怕的家伙,还有这么大的用途呢!

在热带雨林中,有近百万种不同的真菌,其中绝大部分是我们人类尚未了解的。不过有一点是公认的,就是倘若没有这些家伙,雨林就可能彻底消亡了。正是因为有这些家伙对物种的攻击,才能很好地控制雨林中的物种数量,不至于让某一个物种因为数量过大而占领雨林,进而毁掉雨林。而且这些真菌袭击的目标,也都是物种数量超多的种群。

也就是说,物种数量越多,就越可能受到真菌的攻击喽!看来这些小东西还真有大用途呢!它们还真是雨林物种的协调员呢!

地球之肺的隐患

你不知道的

虽然真菌在热带雨林中起着调节物种数量和保护树木营养的作用,但是它们也不可能肆意生长泛滥,因为从平衡的角度看,它们也有被控制的方法。简言之,就是雨林中的一切生物都是彼此制约,彼此扶持,这样才能让雨林在一个平衡的状态中发展。

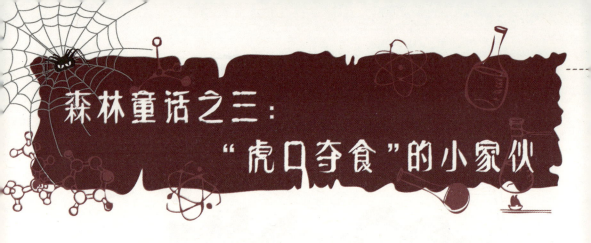

森林童话之三："虎口夺食"的小家伙

婆罗洲，也叫加里曼丹岛，是世界上第三大岛。婆罗洲的雨林，在亚洲是很了不起的热带雨林。特殊的环境让这里生活着很多植物和动物，而且还有许多新物种不断地被发现。实际上，那里还有很多很多动植物尚处于人类的了解范围之外。

婆罗洲的热带雨林

婆罗洲的雨林中到处都是树干笔直的大树，最高的可达六七十米。这些树木如此高大，它们的根部通常都长有特殊的板根，以便支撑大树的身躯。从根系间生长起来的巨型藤类植物缠绕着大树，形成了奇妙的景观。

这些巨型的藤类植物可以一直盘绕上升到树冠处，甚至能覆盖住整个树冠。如此一来，大树就无法获得阳光，生存就成了一个大问题。

有些大树不想就这样"坐以待毙"，于是它们进化出了一套了

地球之肺的隐患

不起的"脱逃术",也就是每隔一段时间,它们就会让自己的皮整张地剥落,在脱掉"衣服"的同时,也把挂在"衣服"外面的这些藤类植物摆脱掉了。

还真是"聪明"的大树呀!

不是所有的大树都能摆脱藤类的纠缠,有些不幸的大树就只能眼睁睁地死在这些家伙的手中了。

为了"借光"而谋杀其他树种,榕树算是其中的一个代表了。它们总是能很成功地"杀死"那些被它们紧紧"拥抱"的大树,在自己成长的过程中,就把原来所依附的大树"勒死"。

在热带雨林如此密集的生存环境中,为了能获得一个立足之地,这些家伙也真是"不择手段"了。

在婆罗洲的雨林中,不同种类的生物也根据所处高度的不同,

形成了不同的生物层。很多生活在高处的动物,一生都没有踏上过陆地。

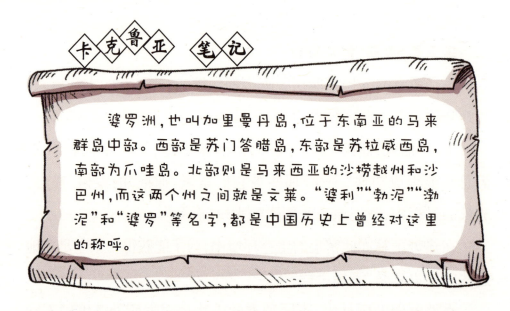

卡克鲁亚笔记

婆罗洲,也叫加里曼丹岛,位于东南亚的马来群岛中部。西部是苏门答腊岛,东部是苏拉威西岛,南部为爪哇岛。北部则是马来西亚的沙捞越州和沙巴州,而这两个州之间就是文莱。"婆利""勃泥""渤泥"和"婆罗"等名字,都是中国历史上曾经对这里的称呼。

小蜘蛛的奇妙"人生"

作为一种食肉植物,生活在婆罗洲的猪笼草,现在已经不再让人们感到陌生了。猪笼草的捕虫器形状有点像古代人饮酒用的酒杯,而且还带着一个"盖子"。很多人还是觉得它很像猪笼,所以给它起名叫猪笼草。

猪笼草的捕虫器的"盖子"下方有一个花蜜腺,能散发出香味,猪笼草就是靠这种香味吸引了很多傻乎乎的昆虫。当这些可怜的小昆虫企图站在光滑的瓶口边缘,吃点喷香的美食的时候,却无论如何也控制不住身体,于是掉入瓶底的液体中,而这种液体正是猪

地球之肺的隐患

笼草分泌的一种消化酶。尽管这些小昆虫不甘心地挣扎着,但一切都是徒劳。

也不是所有小昆虫都不能逃过猪笼草的"魔掌",这个奇妙的世界总是有些例外的。

有一种小红蜘蛛,每天就生活在这个"昆虫液体大坟墓"的边缘,但是它们却从来没有半点危险,而且它们还以从猪笼草里打捞那些现成的猎物为生。有猪笼草的帮忙,它们就可以享受到丰盛的大餐了。

你看,又有一只蚂蚁被吸引到了猪笼草的边缘,然而猪笼草那光滑的蜡质边缘让它很快就失去了平衡,一头栽进瓶子底部的液体里。它还在徒劳地挣扎着,而小红蜘蛛则在一旁冷眼观看,就等着

可怜的蚂蚁彻底淹死。随后,小红蜘蛛就借助蛛丝,悬吊着进入猪笼草的瓶底,将死去的蚂蚁拉上来,然后悠闲地开始享用它的大餐。蚂蚁活着的时候,小红蜘蛛绝对不敢招惹它。

小红蜘蛛还有一个了不起的绝招。它会制造出一个泡泡,而这个泡泡可以让它成功地潜入液体中,把想要的猎物拉出来,然后顺着蛛丝爬回到安全的地方。这个小小的泡泡,就相当于小红蜘蛛的潜水器。

对小红蜘蛛来说,吃猪笼草的猎物,岂不是虎口夺食嘛!

雨林里也有自然法则。猪笼草当然不会让小红蜘蛛就这么白白地坐享其成,对猪笼草而言,小红蜘蛛也是有利用价值的。因为这些小家伙们消化后的残余食物,会掉进瓶底的液体里,而经过小红蜘蛛的一番消化后,这些残余食物更容易被猪笼草吸收。

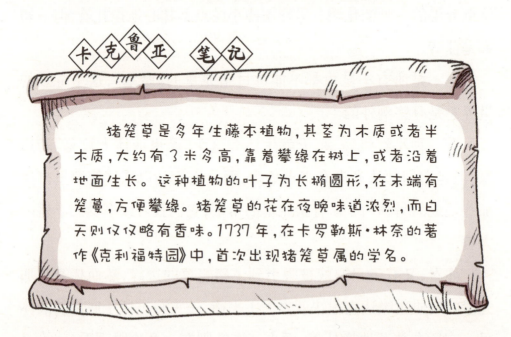

卡克鲁亚 笔记

猪笼草是多年生藤本植物,其茎为木质或者半木质,大约有3米多高,靠着攀缘在树上,或者沿着地面生长。这种植物的叶子为长椭圆形,在末端有笼蔓,方便攀缘。猪笼草的花在夜晚味道浓烈,而白天则仅仅略有香味。1737年,在卡罗勒斯·林奈的著作《克利福特园》中,首次出现猪笼草属的学名。

世界上最长的雨林吊桥

在马来西亚彭亨州的瓜拉大汉国家公园,有着世界上最古老的热带雨林,这个国家公园的面积有4 000多平方公里,雨林里生长着奇异的植物,还有许多珍禽和异兽,足以让看到它们的人瞠目结舌,为之惊叹。

这些年,瓜拉大汉国家公园又多了一个让人惊叹之处,它并不是自然的产物,而是人类创造出来的,它就是世界上最长的雨林吊桥。

这座雨林吊桥竣工于1993年8月,桥身距离地面足有25米,长达450米。这样的高度,可不是胆量一般的人可以挑战的,即便是胆子很大的人,上去之后也免不了会心惊胆战,手心冒汗地往前

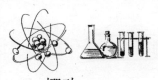

挪动。

这么高、这么长的雨林吊桥,要多少大螺丝才能固定在半空中呢?

你还真想错了,这个在热带雨林中"高高在上"的吊桥,没用任何钢铁制品来固定,仅仅在树和树之间用绳索绑成。用来支撑这座吊桥的,则是热带雨林中最高大的树——大甘巴豆树,又名督亚冷树。

这座世界上最长的热带雨林吊桥呈圆形,整座吊桥由9段吊桥组成,形成了9个转接站。

当你哆哆嗦嗦地走完一段吊桥之后,就可以在转接站休息一下,一边平复刚刚紧张的心情,放松硬邦邦的腿肚子,一边欣赏热带雨林的美妙风景!

考虑到有些人实在承受不了这种惊心动魄的紧张,在走过第六段吊桥后,可以放弃继续前行,从这里下桥。因为剩下的吊桥更为紧张刺激,必须爬过一段比较陡峭的绳梯,然后才能继续挑战这座世界上最长的热带雨林吊桥。

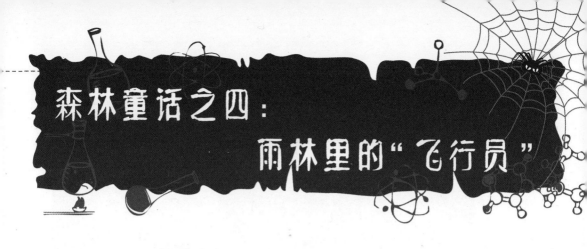

森林童话之四：雨林里的"飞行员"

在婆罗洲的热带雨林中，有食肉的猪笼草，还有能奇迹般地生活在猪笼草里的小红蜘蛛。仅从这点，就能看出这里的生存竞争有多么激烈！正因为这样，才让这里有着多种多样的物种。

雨林夜晚的"飞行员"

倘若猴子会飞，那么人也应该会飞了吧？

在婆罗洲雨林的夜晚，一些张开"滑翔翼"的家伙从这边"飞"向那边，再从那边"飞"到这边。它们既不是鸟类，也不是蝙蝠，而是一种叫作飞狐猴的动物。不过有一点必须声明，其实它也不是狐猴，而且跟"狐"和"猴"一点关系都没有。

这家伙到底是什么呢？

事实上，到目前为止，还没有人知道它们究竟和哪种动物是近亲。这很正常，因为热带雨林中的动物实在太多了，我们所知道的，也仅仅是它的一角。因为很多原因，人类对这些动物的研究也是有

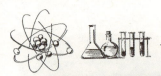

着局限性的,所以很多时候,人类也只是根据这些家伙的大概样貌给它们取名字。

当然,这种飞狐猴其实并不会飞,当然也没有翅膀。它们只是从脖子到尾端长有一层皮膜,将它们的前臂和前趾、后腿和后趾连在一起。当飞狐猴的四肢完全伸开的时候,它们看起来就像一个人背着滑翔翼,或者是一个风筝。

飞狐猴以嫩树叶为生,虽然树叶并没有太多营养。但是有这样特别的身体构造,它们就可以从一棵树"滑翔"到另一棵树,寻找足够多的食物。即便路程很长,它们也不会感觉到疲惫。

飞狐猴一生中的绝大部分时间都待在很高大的树上,如果它们不慎跌落,就非常有可能落入敌人的口中。这也是它们一直在林间"滑翔"的原因。

"飞行"的青蛙

雨林"大合唱"

雨林的环境很奇特,所以很多在其他地方根本见不到的动物却在这里热闹地生活着。婆罗洲的热带雨林有能"飞"的"猴子",而亚马孙热带雨林也有会"飞"的青蛙。

雨林里因为有各种不同的动物,所以也有各种不同的叫声,组成了一曲"森林大合唱"。由于雨林的每层都有特定的生物,所以每层也都有不同的歌声。

每当清晨来临时,动物们便开始了热闹的"练声",各种各样的声音在清晨那凉爽的空气中传到很远的地方。到了中午,林中就会

安静下来,闷热的空气阻止了这些声音。直到夜晚来临,另一轮"合唱"又拉开了序幕。

在各种生物的鸣叫声中,夹杂着一个呱呱的声音,那就是青蛙的"歌声"了。这里生活着许多种类的青蛙,它们在鸣叫的时候,下巴上的气囊一鼓一鼓的。

雨林里的声音实在是太嘈杂了,让人分不清谁在那里"唱歌"。但是这对青蛙来说,完全算不上什么问题,因为青蛙的耳朵只能听到同类的叫声,其他动物的叫声完全被它们"屏蔽"了。

红眼树蛙"小夜曲"

在雨林里众多的蛙类中,红眼树蛙显得与众不同。因为当它们从树顶上跳下的时候,并不是"扑通"落地,而是优雅地"滑翔"之后,稳稳着陆。

它们之所以能有这样高超的"滑翔"技术,完全是依靠它们那宽大的脚蹼。这些脚蹼正好起到了减速的作用,让它们跳下的时候,看起来仿佛是在滑翔一样。

红眼树蛙的一生中,绝大部分时间都生活在很高的树冠上,只有到了繁殖期,才会"滑翔"到地面。它们站稳脚跟之后,就开始唱起吸引雌性的"小夜曲"。听到雄蛙的呼唤声后,雌蛙便小心翼翼地向心仪的"新郎"爬去。虽然雌蛙的追求者非常多,但是它会奔向声音最洪亮的方向。因为叫声大的雄蛙,一定会是个大块头,而大块头无疑就意味着拥有优秀的基因。

雌蛙奋力向着目标爬去,然而真正抵达那个"优秀基因"的路,并不是什么坦途,雌蛙们很有可能在到达目的地之前就被"抢亲"。

抢亲?对,就是这个意思。

因为所有雌蛙都奔着那个最洪亮的声音而去,只要那个大块头没有停止鸣叫,就会不断地有雌蛙往这个方向赶来,这就让其他的雄性红眼树蛙几乎没有任何得到"新娘"的机会。无奈,它们只能在雌蛙前往目的地的途中偷偷"埋伏",然后实施"抢亲"。

"抢亲"成功后,也可能会有其他雄性红眼树蛙跑来捣乱。不过,在"二人世界"中是容不下第三者的,这个时候,先来的雄蛙就会极力赶走第三者,同时紧紧地抓住"新娘"。雄性红眼树蛙的拇指非常有力,可以牢牢地抓住"新娘",绝对不会脱手。

"蜜月"结束后,雌蛙就把卵产在树叶上。

你是不是有点怀疑,青蛙不是把卵产在水塘里,或者泥坑里吗?这就是热带雨林的奇妙之处喽!

你不知道的

热带雨林的气候很潮湿,虽然不是天天下雨,但是超高的降雨量让这里的空气中充满了水分。这里的一棵树,每年可以吸收几百吨水分!当然,这些水分大部分又蒸发到空气中,形成了雾和云,然后又变成雨落下来。

在如此潮湿的情况下,红眼树蛙的卵几乎没有变干的机会,而且卵在树上也很安全。

森林童话之五：空地上的故事

刚果是非洲的中心,这里拥有号称"地球第二肺"之称的茂密热带雨林。雨林的中心看上去似乎很荒芜,并不是一个很好的居住地,然而事实上,这里所拥有的动物数量却超过了非洲的任何一个地方。

森林空地上的故事

在茂密的刚果雨林中有很多小路,这当然不是自然形成的,而是一些庞然大物的脚步踩踏的结果。

一头大象走过来,随后又有几头大象出现在视野中,这些小路就是大象们留下的印迹。非洲的大象多生活在草原上,然而在刚果的热带雨林中,却也有一些小族群的大象生活在其中。不过此刻,它们却打算走出阴暗的雨林,为了生存,它们正准备长途跋涉去寻找一种很重要的东西。

这里的大象不像草原上的大象那样,有较多的家族成员。因为雨林的环境比较特殊,这里的大象族群通常也只有几头而已。它们

的此次远行,与其说是离开雨林,不如说是奔赴雨林的中央,那里没有茂密的丛林,而是一大块空地。站在这块空地上,你会觉得非常开阔,仿佛来到了平原。但是倘若在空中俯瞰,你就会发现,这一大块空地实际上是被大片大片茂密的雨林包围着的。

走出雨林,来到空地,阳光让大象身上的细节变得清晰起来,甚至连大象鼻子上的长毛都能清楚地看到。

已经有几头先来的大象在这里了,后来者看到伙伴,开心地一路小跑奔向朋友。大象们用长长的鼻子彼此打着招呼,它们已经有一个多月没有见面了。兴奋的原因还不止因为见到老朋友,这个空地上的见面也给了孤独的成年公象一个机会,可以借机谈恋爱,交朋友。

这里不仅仅是大象相会的地方,周围还有一些其他种类的动物聚集在这里。它们当然都是一些体型稍大的动物,有水牛、野猪,甚

地球之肺的隐患

至还有罕见的紫羚。

大象来会友只是个顺便的事情,它们和其他动物来此的共同目的,是为了补充生存所必需的养分。

原来在这个空地上有一个大水潭,大家都是奔着这个水潭而来的。这可不是一般的水潭,水的淤泥里含有这些动物生存所必需的矿物质,这些矿物质在阴暗的雨林中是无法获得的。

和朋友们打过招呼之后,大象就来到水潭前,将长长的鼻子插入水中。它们的鼻子是获得这种营养物质的最好工具,大象先用鼻孔吹气,将水里的泥沙吹起来后,就能获得含有矿物质的淤泥了。

这些淤泥中的矿物质,不仅能给它们补血,还可以吸收它们吃掉的有毒叶子的毒素。

在获得了足够的营养之后,大象们必须告别朋友,再次返回到阴暗潮湿的雨林中。

你不知道的

刚果的国土面积为230多万平方公里,森林覆盖率达54%。这里的热带雨林面积仅次于亚马孙雨林。然而因为战乱,森林面临遭到破坏而减少。很多因战争失去家园的人们,不得不逃入雨林中,用火烧森林的方法开垦土地,而这里的很多珍稀物种,则因此面临失去家园的危机。

森林童话之六：丛林法则

大型动物在热带丛林中本来就不多见，大群聚集在一起生活的就更少见了。然而在乌干达的热带丛林中，却有一些成群结队的大家伙浩浩荡荡地走过森林，那一个个庞大身躯的背影都透着一种威慑力。如果它们中的一个转过身盯着你看，你一定会被它那锐利的目光吓到。

无花果的魔力

尽管热带雨林中的植物众多，但是因为植物开花结果的时间不同，导致食物会有"断档期"，所以这里能够常年结果的植物，就显得难得又珍贵，而无花果则是少数能常年结果的植物。食物丰富的地方，当然就是动物们最好的聚集地了。

这是一个有着庞大群体的家族，有150只猩猩生活在一起。这是很少见到的，也是非洲发现的最大猩猩族群。

别看猩猩的身躯庞大，看起来很笨重，其实这些大家伙是相当灵活的。它们可以轻松地爬到树冠的顶端，在那里悠闲自在地吃着无花果。这种灵巧的攀爬本事,可不是谁都有的。

在小猩猩们那酷似人类幼儿的咿呀声中,一只大猩猩旁若无人地摘下一个果子,塞到嘴里。看来它是一个贪吃的家伙,还没等嚼完咽下去,就又摘了一个塞到嘴里。现在,它的嘴里至少已经塞了三四个果实,一副享受般地乐在其中的样子。

因为这一片森林的水果非常充足,所以能养活这么多黑猩猩。闲着没事的时候,它们会彼此梳理毛发……

这个族群过于庞大,它们需要更多的无花果树,这就意味着它们需要更多领地。首领早已做好了打算,那就是出去"抢夺"领地。

消息传开,这些大猩猩兴奋得大呼小叫,仿佛对战斗充满了期待。于是它们踏上了"战争之旅",战争的对象当然就是它们的邻居了。

残酷的战争

当这些大猩猩离开自己的领地之后,这个队伍的"前导部队",

也就是"侦察部队"便安静下来,偶尔还会停下来仔细观察周围的动静,侧耳倾听着。它们要么捡起个好像是粪便之类的东西嗅嗅,要么就趴在地上左闻闻、右闻闻。

它们侦查得还真够仔细的,肯定是找到敌人的踪迹了吧!

终于,这支大部队到达了它们和邻居的领地边界,这时候,必须保持最高警惕。于是它们坐下来,静静地等待着。它们那警觉且带有浓重杀气的目光,看着就让人不寒而栗。

突然,一个叫声传来!这是一个陌生的声音,气氛更加紧张起来。不过现在还无法准确做出判断,敌人是谁尚不明朗。

就在这些入侵者等待时机之时,它们的敌人还浑然不知危险就在眼前,正坐在无花果树上吃着它们的"最后的晚餐"。这些可怜的家伙还没有察觉到,四周已经被凶恶的眼神包围了。

这些入侵者终于决定要行动了!那些打先锋的"前导部队",蹑手蹑脚地向敌人靠拢。突然,尖叫声四起,这些家伙以迅雷不及掩耳之势展开了攻击,并发出恐怖的尖叫。

这么做,当然是为了震慑住对方。

入侵者的力量和气势实在太强大了,可怜的邻居们措手不及,蒙头转向地四散奔逃。树上到处都是尖叫着乱窜的猩猩。入侵者的几只雄性大猩猩将对方的一只母猩猩团团围住,对它展开了凶狠的攻击。一阵混乱中,这只母猩猩竟然侥幸逃脱了魔掌,不过它的族人们可没有这么幸运了……

终于,战斗结束了。然而令人震惊的一幕出现了,这些胜利者们抓住了对方的一只小猩猩,杀死了这个可怜的小家伙。

你是不是觉得太残忍了？

其实动物在争夺领地的时候，杀掉敌人是很正常的行为。这和人类战争中有人牺牲，其实是一个道理。

在动物的世界里，别说是两个族群之间为了领地的争斗，即便是同一个族群中，为了争夺"王位"，也会出现很残酷的打斗现象。在很多种动物当中，只有"王"才拥有生儿育女的权力。每当一个"新王"诞生之时，它要做的第一件事，就是杀死族群里所有的幼小动物。虽然这看起来很残忍，但实际上却是为了保证它自己的血统能传承下去。

这就是真实的动物世界。